U0516799

基础教育

教育理论与实践研究前沿

幼儿园教师品格优势结构及生态化教育

刘贵雄／著

· 本书受新疆心智发展与学习科学重点实验室、国家社会科学基金项目『语言生态学视域下的新疆少数民族学生国家通用语言学习质量提升研究』（21XMZ058）、新疆师范大学博士科研启动基金资助

知识产权出版社
全国百佳图书出版单位
—北京—

图书在版编目（CIP）数据

幼儿园教师品格优势结构及生态化教育 / 刘贵雄著 . —北京：知识产权出版社，2024.6
ISBN 978-7-5130-9252-4

Ⅰ . ①幼… Ⅱ . ①刘… Ⅲ . ①幼教人员—师德—研究
Ⅳ . ① G615

中国国家版本馆 CIP 数据核字（2024）第 030902 号

责任编辑：王颖超　　　　　　　　责任校对：王　岩
封面设计：杨杨工作室·张冀　　　责任印制：孙婷婷

幼儿园教师品格优势结构及生态化教育

刘贵雄　著

出版发行：知识产权出版社有限责任公司	网　　址：http：//www.ipph.cn
社　　址：北京市海淀区气象路 50 号院	邮　　编：100081
责编电话：010-82000860 转 8655	责编邮箱：wangyingchao@cnipr.com
发行电话：010-82000860 转 8101/8102	发行传真：010-82000893/82005070/82000270
印　　刷：北京建宏印刷有限公司	经　　销：新华书店、各大网上书店及相关专业书店
开　　本：880mm×1230mm　1/32	印　　张：8.25
版　　次：2024 年 6 月第 1 版	印　　次：2024 年 6 月第 1 次印刷
字　　数：180 千字	定　　价：59.00 元
ISBN 978-7-5130-9252-4	

出版权专有　侵权必究
如有印装质量问题，本社负责调换。

引　言

　　师德不仅包括规制教师职业行为的外在道德规范，还包括内化于心的德性。传统幼儿园教师道德教育多注重道德规范的外塑，而对内在于心的德性涵养不够，缺乏对幼儿园教师道德教育整体性、系统性的思量，导致一些幼儿园教师出现不同程度的失德失范行为。新时代幼儿园教师道德教育既需要外在道德规范的规制，也需要内在德性的润泽，需要超越"我应该如何做"的规范伦理，达至"我应该成为什么样的教师"的德性伦理。作为一种实现德性的重要途径——品格优势教育，是以培养品格为指向和中心的道德建构，受到幼儿园教师道德教育研究者的关注。目前，幼儿园教师品格优势结构不清楚、品格优势发展机制也不明晰，因此，在幼儿园教师品格优势教育中，厘清"培养什么"和"如何培养"成为幼儿园教师品格优势教育的当务之急和形势所需。

　　围绕"幼儿园教师品格优势生态化发展"的关键问题，本研究首先基于扎根理论并通过关键事件访谈和编码分析建构幼儿园教师品格优势结构模型，厘清幼儿园教师有哪些关键品格以及这些品格之间的关系。其次，从影响幼儿园教师品格优势发展的外部环境以及幼儿园教师和外部环境如何交互作用两方面探明幼儿园教师品格优势生态化发展的机制。最后，依据幼儿园教师品格优势生态化发展机制，分析当前幼儿园教师品格优势生态化发展中存在的问题以及出现问题的原因，并从幼儿园教师、影响幼儿园教师品格优势生态化发展的外部环境以及幼儿园教师与外部环境的交互作用三方面提出促进幼儿园教师品格优势生态化发展的对策。研究结果表明：

幼儿园教师品格优势结构是一个多维结构模型，包含智慧、人性和意志力三大美德，爱、善良、公平等十六项品格优势。与其他学段的教师品格优势结构相比较，幼儿园教师对好奇心、活力和反思力等智慧美德，善良、公平和希望等人性美德，毅力、审慎、信念等意志力美德要求更高。此外，每项品格优势所包含的具体品格不完全相同。其他学段教师的"爱"体现在爱与被爱、亲密关系上，而幼儿园教师的"爱"具体表现为有爱心、关心和耐心等品格。品格优势之间的关系也不完全相同。幼儿园教师品格优势结构以人性美德为中心，爱、善良、希望、公平、审慎是幼儿园教师最重要且运用最频繁的品格优势；人性美德的识别和运用还离不开幼儿园教师的智慧和意志力，智慧美德和意志力美德是幼儿园教师人性美德的重要支撑。

在品格优势生态化发展机制上，幼儿园教师品格优势发展有情景性，微观系统、中间系统、外在系统和宏观系统四者之间的整体关联和动态平衡影响了幼儿园教师品格优势的发展。其中，微观系统中的家庭、幼儿、幼儿家长、幼儿园同事和幼儿园直接影响幼儿园教师品格优势发展。中间系统中的师幼关系、亲师关系、家园关系通过影响微观系统中各环境因素之间的关系而影响幼儿园教师品格优势发展。微观系统和中间系统对幼儿园教师品格优势发展的影响还离不开外在系统和宏观系统的支持。四个环境系统相互联系、相互作用共同促进幼儿园教师品格优势发展。与此同时，品格优势在幼儿园教师与环境的交互作用中发展。幼儿园教师与环境持续交互作用的形式——"最近过程"是品格优势发展的动力。幼儿园教师自身特征、外部环境和时间影响"最近过程"的内容、方向和效力，是幼儿园教师品格优势发展的动力来源。

　　品格优势生态化发展机制研究的最终目的在于其应用。本研究最后以幼儿园教师品格优势发展的机制为基础分析当前幼儿园教师品格优势生态化发展中存在的问题。结果表明，当前幼儿园教师品格优势发展仍然不平衡。在内部结构上，幼儿园教师注重运用品格优势，而对自身品格优势的反思与认知不足。在外部环境中，幼儿园教师能够意识到环境对其品格优势发展的重要作用，但实际体验到的环境支持仍然无法满足自身品格优势发展的需求。在人与环境的交互上，当前幼儿园教师局限在与微观系统的交互，对中间系统、外在系统，尤其是宏观系统的利用不足。针对当前幼儿园教师品格优势生态化发展中存在的问题，本研究认为，幼儿园教师应在遵守职业规范的基础上加强自身品格优势的涵养，树立品格优势生态发展观。在品格优势生态化发展过程中应加大外部环境的支持力度、遵循幼儿园教师品格优势生态化发展规律。

品格优势结构让幼儿园教师德性"真实可见",它可以作为幼儿园教师聘任和职业晋升考核的重要依据,也可以作为幼儿园教师职前培养和职后培训中师德教育的重要内容。品格优势生态化发展机制让幼儿园教师品格优势教育"教有所循",它为我国幼儿园教师品格优势生态化教育提供理论支持。品格优势生态化教育能够内化教师伦理规范为教师德性,是实现教师德性的重要途径。研究结果在一定程度上丰富了国内关于幼儿园教师道德教育的理论思考,同时在创设生态和谐的幼儿园教师道德教育环境、建立科学的道德教育评价体系中有一定的应用价值。

目　录

第一章 绪 论

　　大力发展学前教育不仅要实现"基本普及"和"普惠"的战略目标，更要提高整体学前教育质量，而其中的关键和核心便是建立一支师德高尚和业务精湛的幼儿园教师队伍，但当前有部分幼儿园教师在功利主义和技术理性的影响之下迷失了方向，正在日趋偏离教育本位。"师德固然重要却不想做""想践行师德却做不到""想践行师德却不知道如何做""践行了师德但效果却不甚理想"等问题一直困扰着幼儿园教师道德教育。"幼师虐童！学前教育怎么了？""拿什么拯救你？我的学前教育！"……一幕幕虐童画面、一桩桩虐童事件无不折射出当前幼儿园教师道德教育面临的现实困境。《幼儿园教师专业标准（试行）》中明确提出"师德为先、幼儿为本、能力为重、终身学习"四大理念。"师德为先"作为理念之首凸显了师德对"幼儿为本"、"能力为重"和"终身学习"的强大价值引领作用，也指明回归教育本位的关键在于"立德树人"，但"何为德高"以及"怎样才能德高"依然是当前幼儿园教师道德教育现实面临且需要长期探究的关键问题。

第一节　研究缘由与研究意义

一、研究缘由

（一）师德教育困境的反思

在"何为德高"问题上曾经出现过"崇高师德"和"底线师德"之争。自古以来我国就有"尊师重道"的传统，"崇高师德"被一部分人标榜为师德教育目标，因此各种师德榜样充斥着"不食人间烟火""高不可攀"的倾向。❶另一部分人则认为，师德本质上是一种义务道德，是对教师最低职业要求的规制，是一种脚踏实地的"底线道德"。师德教育只需要探寻底线师德的边界和内容，用最起码的职业规范要求来保证教师行为的道德性，❷但由于过分强调底线师德和悬置崇高师德而导致底线师德成为教师甘于平庸的借口，师德也就开始滑向了"鄙

---

❶ 李敏，檀传宝.师德崇高性与底线师德［J］.课程·教材·教法，2008（6）：74–78.

❷ 甘剑梅.教师应该是道德家吗：关于教师道德的哲学反思［J］.教育研究与实验，2003（3）：25–30.

俗"。❶事实上，教师渴望的不是那些高不可攀的道德楷模，而是那些能够促进自我实现和自身幸福的特质。"底线道德"无法解释师德的崇高性曾经激励过无数人选择教师这个"太阳底下最光辉的职业"，"崇高道德"也无法解释师德教育常抓不懈却又效果不太理想，所以有研究者主张崇高师德与底线师德应当合理共存，既要"止底"又要"望高"。但上述三种师德观都未能解决师德教育的关键问题——"培养什么"。而且在过去很长一段时间里师德教育比较注重规范伦理，以规则化的制度对教师职业行为提出明确和强制性约束。规范伦理下的师德教育规制了什么行为教师不可为，有利于教师做到"吃一堑、长一智"的道德内省，但教师作为一个履行义务的被动接受者出现，其主体性被遮蔽，教师发展的真正需求并未得到充分满足，也没有按照合乎教师主体性发展而开展师德教育，相反它是设计教师的发展，对于如何把教师培养成一个有德之人重视不够，也造成师德教育中的"人学空场"和以人的品格为指向和中心的道德建构在传统师德教育中的缺位。❷

李方安指出，教师自我发展是师德教育的最终目的。❸自我就是主体，在本质上教师自我发展就是教师主体性发展，即教师要在发展中有事实上的主体身份。每个人的心灵深处都蕴藏着积极的人性品质，这些品质是人的生命得以提升、

---

❶ 王凯.从道德标杆到治理手段：我国师德规范建设 40 年 [J].教师发展研究，2019（12）：37–42.

❷ 傅淳华，杜时忠.论当前师德教育的困境与超越：基于教师道德学习阶段性特质的反思 [J].教师教育研究，2016（3）：13–17.

❸ 李方安.论教师自我发展 [J].教育研究，2015（4）：94–99.

发展和完善的内在驱动力，也是实现个人德性的重要途径，而且每个人都希望自己的品格优势被认可和被欣赏，渴望自我价值能够被转化为公认的社会价值，所以近年来研究者倡导在伦理规范教育的基础上加强教师品格优势教育，以教师自身所固有的、潜在的、有建设性作用的品格优势为出发点来培养教师德性。

（二）品格优势教育经验的总结

在伦理规范教育的基础上加强教师品格优势教育能够满足教师主体发展需求，教师能够体验到需要被满足后的幸福和快乐，进而能够产生积极道德情感并自觉实施道德行为，所以品格优势教育在世界范围内成为师德教育的重要内容。就个人而言，品格优势水平越高，教师越满意自己的生活。品格优势还可以作为保护性因素预防和减轻教师的身心健康问题。对于社会，品格优势教育可以发挥道德共识的权威作用，以社会群体的张力消除个人的社会离心现象以达到社会整合目的的。❶二十多年来，以培养品格优势为中心的品格优势教育将品格优势蕴含在教育之中，从设立独立课程传授积极心理元素到把积极教育内嵌于大部分学校课程，再到将积极教育蕴含在生活事件之中，品格优势教育取得了一系列成果。但不难发现，以往品格优势教育多局限在人自身的特质上，过分强调人的能力和品格等自身内部特征，片面地认为行为问题发生的原因只在于个

---

❶ 郑富兴.现代性视角下的美国新品格教育［M］.北京：人民出版社，2006：14–16.

人本身，而对影响人类行为的外部环境重视不够，从而导致人们错误地认为一个人没有成功是因为他（或她）缺乏某种品格优势而不是忽略了自然环境或社会环境对其品格优势发展的重要影响。越来越多的研究证据表明，情景不同，品格优势发挥的作用也不同，盲目的品格优势教育在一定情景下可能会导致消极效应。❶譬如，宽恕是一项品格优势，但在有家庭暴力的情景中宽恕反而会增大家庭暴力事件的发生频率；又如，感恩是一项品格优势，但在有虐待行为的情景中受虐者常会因为感恩而忍受暴行。❷由此看来，品格优势引发积极或消极影响不是取决于品格优势本身而是取决于品格优势与其运行情景的交互作用。情景因素是影响人获得幸福感和追求生命意义的关键因素，它在很大程度上决定了品格优势发挥作用的性质（积极/消极）和发挥作用的程度。因此，教师品格优势教育的一个关键挑战是如何兼顾教育内容和教育情景，达到二者的有机统一。

（三）人类发展生态学的启迪

人类发展生态学理论认为，人在与环境的交互作用中发展，发展是人与环境交互作用的结果，它会因环境不同而存在

❶ MAUSS I B, SAVINO N S, ANDERSON C L, et al. The pursuit of happiness can be lonely[J]. Emotion, 2012（12）：908-912.
❷ MC NULTY J K, RUSSELL V M. When "negative" behaviors are positive：A contextual analysis of the long-term effects of problem-solving behaviors on changes in relationship satisfaction[J]. Journal of Personality and Social Psychology, 2010（4）：587-604.

差别。因此，在研究人的发展中既要考虑人的特征（如需要特征、资源特征、动力特征）、影响人发展的外部环境，还要兼顾人与环境的交互性，做到人的生态化发展。❶ 以往研究结果显示，教师品格优势发展有情景性。在不同情景的活动中，教师的认知、动机、情感和社会实践相互作用，逐渐建构起具有情景性且适用较广的知识结构并实施与之相关的道德行为，而且教师品格优势发展内外还有诸多看不见却又时刻都在起作用的关系，这些特性和关系表明教师品格优势发展生态的客观存在。既然教师品格优势发展生态是客观的，那么与教师品格优势有关的行为就具有情景性，通常指向特定领域或具体环境。但以往师德教育中通常教授教师掌握一些泛情景或去情景的师德知识和理论，这种知识和理论与具体环境中所需的知识和能力不匹配，导致师德教育在现实情景中"知、行"分离，从而导致师德教育的实效性不高。因此，未来教师品格优势教育中应兼顾品格优势教育内容与教育情景，让教师品格优势在与环境的交互作用中发展，由品格优势发展转向品格优势生态化发展。尤其是与其他学段相比，学前教育的性质和教育对象的发展特点决定了幼儿园教师品格优势教育更应生态化。

首先，学前教育兼具保育和教育职能，保教结合的教育情景让幼儿园教师品格优势发展情景与其他教育工作者的品格优势发展情景区分开来。幼儿园教师的教育对象是年幼的孩

---

❶ BRONFENBRENNER U. Ecological models of human development [M]. HUSTEN T, POSTLE-THWAITE T N. International encyclopedia of education (2nd ed., vol.3).New York: Elsevier Science, 1994: 1643-1647.

子，孩子们的基本生活需要幼儿园教师的悉心照料。幼儿园教师一方面需要给予孩子们身体上的照顾和情感上的关怀，经历与母亲相似的工作情景；另一方面，幼儿园教师还需要发展幼儿智能和进行品格教育。幼儿园教师的品格优势发展会因情景不同而不同。譬如，品格优势——"爱"在保育中需要幼儿园教师付出"像母亲一样的爱"，像对待自己的孩子一样给予孩子们无微不至的照顾和关怀，这种"爱"无私、包容、细腻又贴心。而在教育中，幼儿园教师的"爱"却又是无纵容、无溺爱、专业的爱和理性的爱。

其次，幼儿学习通常以直接经验为基础，在游戏和日常生活中进行。这就要求幼儿园教师要重视与幼儿一起游戏和活动的重要价值，重视游戏和幼儿园一日活动中丰富教育环境的创设，以便支持和满足幼儿通过游戏和一日活动的亲身体验来获取直接经验。如何创设有利的保教环境，在保教过程中如何精准地抓住教育契机对幼儿进行随机教育，这些对幼儿园教师的好奇心、活力和反思力等智慧要求更高。由此看来，幼儿园教师品格优势是在与保教活动情景的交互作用中发展，尤其是在游戏和幼儿园一日活动中与幼儿的交互作用中发展。此外，幼儿园教师的施教过程还是无言之教，是以自己的全部身心影响孩子成长。在施教过程中幼儿园教师的品格会被完整地呈现于孩子们面前，对孩子们性格、人格、心理素质的形成和发展有引导、定向、示范和模仿作用。幼儿园教师温柔，孩子们也能静下心来虚心接受；幼儿园教师紧张和着急，孩子们也跟着紧张和着急。这就要求幼儿园教师和幼儿建立亲密的师幼关系，用欣赏的态度对待幼儿，和幼儿一起去发现美、欣赏美、创造美，在师幼互动中发展自身人性方面的品格优势。再者，幼儿园教师在一日活动中要兼顾多种任务和处理多起突发状况，保教工作的复杂性与劳动的高情绪性对幼儿园教师毅力、勇气、自律等意志力方面品格优势有较高要求。由此可知，保教活动的特殊性引发不同的教育情景，幼儿园教师在与孩子们的交互作用中需要根据不同教育情景不断反思和调整自己的保教行为，在这些活动中幼儿园教师自身的品格优势也获得发展。

最后，幼儿园教师品格优势发展与幼儿家长和幼儿园同事紧密关联。与幼儿家长的沟通是幼儿园教师（尤其是幼儿园主班老师）的一项重要工作内容。幼儿园教师通过孩子们的日常接送、家长会、亲子活动、家长开放日等形式与幼儿家长发生高频联系，争取幼儿家长对自己保教工作的支持和配合，形成家园共育。在良好的家园共育情景中，幼儿家长对幼儿园教师工作的理解、信任、支持和配合是幼儿园教师品格优势发展的重要促进因素。此外，幼儿园教师品格优势发展还受到幼儿园同事的影响。当前幼儿园通常由一位有经验的主班老师、一位配班老师和保育员通过正式或非正式的"师徒结对"方式协作完成一个班孩子们的保教任务。幼儿园教师品格优势在"师徒"之间的深度交流和密切合作中获得发展。

总而言之，幼儿园教师品格优势发展深深地烙上幼儿、幼儿家长和幼儿园同事品格的烙印，它既有教育情景的共性，也有保教情景的独特性。保教情景的独特性决定了幼儿园教师品格优势更应该生态化发展，更应该处理好幼儿园教师品格优势内部结构之间、外部生态环境之间以及内部结构与外部生态环境之间的关系。

（四）幼儿园教师道德教育的要求

伴随着全球化和信息化时代的发展，各种文化的沟通、交流、合作、分享和共存构成了新时代文化生态，众多生态取向的理论也逐渐被运用于学前教育理论研究和实践中。《3—6岁儿童学习与发展指南》中明确提出，关注幼儿身心全面和谐发展，要注重学习和发展各领域之间的相互渗透和整合。《幼儿园教育指导纲要（试行）》总则第三条也突出了"学前教育方式应因地制宜"的原则性要求，要求"幼儿园应与家庭、社区密切合作，与小学相互衔接，综合利用各种教育资源，共同为幼儿的发展创造良好的条件"。上述两个文件都反映出学前教育的生态取向，强调多元幼儿成长环境对幼儿成长的意义，强调学前教育与环境不可分割，应该在生态关系中发展幼儿和突出幼儿的生态化发展。促进幼儿的生态化发展对幼儿园教师的保教工作提出了新的挑战。在不同场域、不同文化背景下幼儿园教师如何因地制宜？如何因材施教？如何因人施教？同时幼儿园教师的施教过程又是无言之教，其自身品格会毫无保留地呈现在孩子们面前并对孩子们品格形成产生重要影响。面临生态化取向，幼儿园教师需要具备哪些关键品格？幼儿园教师品格发展受到哪些环境因素的影响？幼儿园教师又是如何与环境交互作用来促进其自身品格优势发展的？对这一系列问题的回答都是新时代幼儿园教师道德教育的客观需要。

二、研究意义

（一）理论意义

第一，提出以品格优势发展来培养幼儿园教师德性的师德教育观，拓展了积极取向的师德教育理论思考。近年来积极取向的师德教育呼声越来越高，我国学者檀传宝也曾做过德育主体"主动建构"的尝试——欣赏型德育。欣赏型德育使道德教育的"价值引导"与道德主体的"自主建构"在教师自由"欣赏"的过程中得以统一和完成，这一德育模式从积极取向的视角在教育形式上将两个相互对立的方面在"欣赏"过程中达到统一。[1]本研究试图从师德教育内容（"德"）把师德教育的"价值引导"与教师主体的"自主建构"统一起来。幼儿园教师不失德并非代表一定就有德，由此，本研究提出以品格优势发展来培养幼儿园教师德性的师德教育观，以幼儿园教师的品格为指向和中心进行道德建构，强调把幼儿园教师培养成为一个有德之人，强调以幼儿园教师自身固有的、潜在的品格优势为出发点帮助幼儿园教师最大限度地挖掘自身潜力而获得发展。以品格优势发展来培养幼儿园教师德性遵循从问题到优势、从伦理规范到德性养成的逻辑进路，是实现幼儿园教师德性可持续发展的重要路径。

第二，探明幼儿园教师品格优势生态化发展机制，为幼儿

---

[1] 檀传宝. 以专业的德育提升生活的品质：当前中国德育改革应该直面的十大课题 [J]. 人民教育，2010（15）：5-11.

园教师品格优势生态化发展奠定理论基础。虽然一些研究已经意识到外部环境对品格优势发展的影响，但还缺乏一个系统的理论来指导幼儿园教师品格优势教育。此外，在德育研究中部分学者已经提出德育生态化理念，但多集中在探讨外部环境对德育的影响，仍没有研究过人与环境之间究竟是如何整体关联和动态平衡。❶本研究引入生态学思维和方法论剖析了影响幼儿园教师品格优势发展的外部生态环境，探寻在品格优势发展中幼儿园教师与生态环境之间如何耦合、互动，又保持怎样的平衡张力，强调幼儿园教师品格优势发展在生态系统中注重生态平衡，强调品格优势的整体性发展、系统性发展和动态平衡地发展，为幼儿园教师品格优势教育研究提供了新思路和新视角。总而言之，本研究从矫治问题的师德教育失衡转向注重幼儿园教师品格优势发展，并提出幼儿园教师品格优势生态化发展的师德教育观，在一定程度上丰富了国内关于幼儿园教师道德教育的理论思考，为培养师德、提高幼儿园教师德性提供了新的思路与方法。幼儿园教师品格优势生态化发展遵循生态学原理，吻合人的可持续发展目标，是对当代幼儿园教师道德教育的继承和发展，有助于推动我国幼儿园教师道德建设的可持续发展。

（二）实践意义

第一，品格优势可以作为幼儿园教师聘任和职业晋升考核的重要依据。以往教师聘任中注重幼儿园教师"弹、跳、画、

---

❶　朱家安．德育生态论［D］．武汉：华中师范大学，2008.

唱、讲"等专业能力考核，师德考核因没有具体考核内容、操作性不强而流于形式。在教师考核和职业晋升中，注重教学评价、教学业绩等外在有形指标的考核，而对内在于心的教育理想、道德情操和仁爱之心的考核却流于形式。上述问题存在的一个重要原因在于没有具体考核内容和具体考核形式。品格优势是实现德性的重要途径。本研究建构的幼儿园教师品格优势结构模型包括智慧、人性、意志力三大美德，创造力、反思力等十六项品格优势和七十二项正向品格，这些品格优势和正向品格本身就是师德内容和幼儿园教师角色要求的具体体现，它可以让幼儿园教师德性"真实可见"。而且，每项品格优势都有基本内涵和具体行为表现，从而使师德考核内容具体化，有利于提高师德评估的实效性。

第二，品格优势也可以作为幼儿园教师职前培养和职后培训中师德教育的重要内容。以往对师范生的培养多关注学科知识、教学技能，这种以知识为本位的培养模式使师范生在实际工作中欠缺能力而难以有效开展工作。更令人担忧的是，部分幼儿园教师因缺乏师德而屡屡出现"虐童"等失德失范行为。在幼儿园教师的在职培训和继续教育中，师德教育也因其抽象不具体、缺乏针对性而流于形式。在培训内容上，本研究建构的创造力、反思力等十六项品格优势和七十二项正向品格可以作为幼儿园教师职前培养、职后培训的重要内容。在培训方法上，本研究探明的幼儿园教师品格优势生态化发展机制可以作为幼儿园教师职前培养和职后培训的重要依据，在培训中将幼儿园教师品格优势教育植根于幼儿园教师品格优势发展的生态系统中，既强调引导幼儿园教师对自身品格优势的识别和运用，又要从外部环境促成影响幼儿园教师品格优势发展的微观系统、中间系统、外在系统和宏观系统的融合和联动，为幼儿园教师品格优势发展提供外部环境支持。

第三，品格优势发展机制可以指导幼儿园教师品格优势生态化发展实践。为何一些品学兼优的师范生进入幼儿园想践行师德却又无所适从？为何有的幼儿园教师甚至知其善而不为？上述问题产生的原因或许是由于过去师德教育与生态环境的脱离，师德教育缺乏生态学视域的思量而造成幼儿园教师道德实践的"知、行"割裂。本研究建构的幼儿园教师品格优势结构及品格优势生态化发展机制为探明幼儿园教师品格优势发展中的生态问题，为实施品格优势教育和促进幼儿园教师品格优势的生态化发展提供实践支持。

第二节　概念界定与文献综述

一、概念界定

（一）品格优势

品格（character）是人的内在道德价值观在言行上的反映。[1]

---

[1]　丁锦宏.品格教育论 [M].北京：人民教育出版社，2005：14.

优势（strength）是指人或事物的优点或有益品质。[1]品格优势（character strength）是一类相似且有正面道德价值的品格。[2]例如，善良是一种品格优势，它包含关心、同情、慷慨和利他等正向品格。品格优势也被称为积极人格特质，但它又不同于人格，它有自身的独特性。它的独特性体现在以下几方面：（1）品格优势虽然有一定的稳定性，但也受环境的塑造，具有可塑性，它可以通过社会常规、社会习俗和社会礼仪等特意地培养；（2）品格优势是被世界上大多数文化所认可的，具有正面、积极的道德价值；（3）品格优势能够使人感到满足、充实和幸福。

在本研究中，品格优势是指在自身潜在品质与环境交互作用的基础上通过人的认知、情感和行为反映出来的一组有正面道德价值和情景性的正向品格。具体而言，幼儿园教师品格优势有以下几方面特征。第一，主体性。幼儿园教师品格优势是幼儿园教师自身所固有的、潜在的正向品格，需要幼儿园教师自己去识别和运用。第二，有正面道德价值。幼儿园教师品格优势有正面、积极的道德价值，并能够使幼儿园教师感到满足和充实。第三，有程度上的差异。虽然幼儿园教师有一些共有的品格优势，但每位幼儿园教师在某项品格优势上的程度有高低之分，而且每一位幼儿园教师在不同的品格优势上水平也不

---

❶ 邵迎生. 对积极心理学学科定义的梳理和理解 [J]. 华东师范大学学报（教育科学版），2008（3）：54–59.

❷ PARK N, PETERSON C, SELIGMAN M E P. Strengths of character and well-being: A closer look at hope and modesty [J]. Journal of Social and Clinical Psychology, 2004（5）：603–619.

同，它可以通过幼儿园教师的认知、情感和行为表现来评估。第四，可培养。品格优势虽然是人自身所固有的，但又是潜在的，需要幼儿园教师不断认识并运用才可发挥品格优势的最大作用，品格优势教育可以引导或帮助幼儿园教师识别和运用自身品格优势。第五，情景性。情景不同，品格优势发挥作用的性质和程度也不同。

（二）品格优势结构

品格优势结构是指品格优势的分类，具体是指人类有哪些品格优势，这些品格优势之间的关系是什么。在本研究中，品格优势结构是指幼儿园教师所固有的、潜在的品格优势的分类，具体是指幼儿园教师品格优势结构包括哪些关键品格，这些品格之间有何关系，它是垂直层次和水平层次上分类的统一，是一个多维结构模型。在垂直层次上，范围从大到小分别包括美德、品格优势和正向品格，在水平层次上，每一个垂直层次又细分出若干个水平层次。❶

（三）品格优势生态化发展

品格优势生态化发展是指品格优势在生态系统中整体、系统和动态平衡地发展过程，它既强调发展，又兼顾外部环境对人的品格优势发展的影响，还强调在品格优势发展中人与环境

---

❶ SELIGMAN M E P, STEEN T A, PAPK N, et al. Positive psychology progress: Empirical validation of interventions [J]. American Psychologist, 2005 (5): 410-421.

的交互作用。在本研究中，品格优势生态化发展特指在生态学理论指导下，以促进幼儿园教师品格优势发展为目的，引导幼儿园教师在与外部环境相互作用、协同进化的活动中整体、系统、动态平衡地发展过程。简言之，品格优势生态化发展是将品格优势发展放置于幼儿园教师品格优势发展的各种生态关系之中，促进幼儿园教师品格优势整体、系统和动态平衡地发展。

二、文献综述

（一）教师品格优势结构研究

品格优势研究的首要任务是建立一套具有多重文化背景且相对科学完善的品格优势分类体系，为研究者和普通大众探讨与交流人类品格优势提供一致的话语体系。帕克（Park）等参考精神病理学中的 DSM（Diagnostic and Statistical Manual）分类标准，建构了被人们广泛认可的品格优势结构模型——VIA-CS 结构模型。❶ 在此模型中，品格优势结构是一个有垂直和水平层次分类的多维结构。在垂直层次上，根据范围从大到小分别包括美德、品格优势和基本要点三个层次。在水平层次上，每一个垂直层次又被细分出若干层次。例如，美德层次下有智慧、勇气、人性、正义、节制和超越六大美德，品格优势层次

---

❶ PARK N, PETERSON C, SELIGMAN M E P. Strengths of character and well-being: A closer look at hope and modesty [J]. Journal of Social and Clinical Psychology, 2004（5）: 603–619.

包含创造性、好奇心、勇敢、毅力、正直、爱、善良等二十四项品格优势（见表 1-1）。

表 1-1　VIA-CS 结构模型

美德	品格优势
智慧	创造性、好奇心、思维、热爱学习、远见
勇气	勇敢、毅力、正直、活力
人性	爱、善良、社会智力
正义	团队合作、公平、领导力
节制	宽容、谦卑、谨慎、自我管理
超越	美感、感恩、希望、幽默、信仰

VIA-CS 结构模型为研究者探讨与交流人类品格优势提供了理论基础。此后，研究者以 VIA-CS 结构模型为基础，建构出不同文化和不同群体的品格优势结构模型。通过对这些品格优势结构模型的梳理可以发现，人类品格优势结构模型有文化特异性和职业特异性。

文化特异性是指在不同文化中，人的品格优势结构不同。德国、美国、印度、克罗地亚、澳大利亚等国家和非洲地区研究者基于 VIA-CS 结构模型探索出一个 2~5 因素相对简单的品格优势结构。例如：彼得森（Peterson）等发现，美国人品格优势结构由人性、勇气、智慧、节制和超越五大美德组成；❶ 布达尔等得出品格优势结构包括人性、勇气、活力和谨

---

❶ PETERSON C, PARK N, POLE N, et al. Strengths of character and posttraumatic growth [J]. Journal of Traumatic Stress, 2008（2）: 214-217.

慎四个因素。❶

品格优势结构的文化特异性得到了后续研究的证实。段文杰等兼顾中西文化的共通性和特殊性，对品格优势的价值与实践分类体系中 240 个项目进行逐一筛选并综合定性和定量研究，结果得出一个包含三大类美德、二十四项品格优势的中国人品格优势结构模型（见表 1-2）。❷ 上述结果表明，VIA-CS 结构模型中六大核心美德并未能够完全体现出品格优势分类，相反品格优势结构是变化的。由于受到本土文化的影响，在不同国家和地区，人的品格优势结构不完全相同。

表 1-2　中国人品格优势结构模型

美德	品格优势
亲和力	友善、团队合作、公平、爱、可靠性、领导力、宽恕、感恩
生命力	幽默、好奇心、热心、创造力、远见、希望、社会性、美感、勇敢、信念
意志力	辨别力、审慎、规则、意志力、学习力、谦逊

职业特异性是指职业特征影响品格优势结构和品格优势的分布形态。职业不同，人类品格优势结构不同。张冲、孟万金建构的中国教师品格优势模型也囊括了智慧、勇气、人性、正

❶ BRDAR I, KASHDAN T B. Character strengths and well-being in Croatia：An empirical investigation of structure and correlates ［J］. Journal of Research in Personality，2010（1）：151-154.

❷ DUAN W J, HO S M Y, BAI Y, et al. Factor structure of the Chinese virtues questionnaire ［J］. Research on Social Work Practice，2012（6）：680-688.

义、节制与超越六大美德和二十一项品格优势。❶ 但是与 VIA-CS 结构模型相比，中国教师品格优势结构模型在智慧美德中增加了"智慧和知识"品格优势，表明与其他职业相比，"智慧和知识"对于教师做好教育工作更重要，也会受到更多重视。而且，在中国教师品格优势结构模型中有部分品格优势存在合并现象。例如，在智慧美德中的"兴趣和创造力"合并了 VIA-CS 结构模型中"好奇心"和"创造性"两种品格优势，表明对于中国教师而言，兴趣与创造力密切相关，二者不可分割。又如，在中国教师品格优势结构模型中"勇敢和坚持"为一种品格优势，对应 VIA-CS 结构模型中"勇敢"和"毅力"两项品格优势。此外，中国教师品格优势结构模型中删除了 VIA-CS 结构模型中的"远见"。

如前所述，职业会影响品格优势结构。作为一种职业，教师不仅教授学生知识，而且在学生的生理、心理、社会、情感和精神领域的全面发展上有重要作用，而且教师的言传身教也会直接或间接地影响学生的思维、情感和行为。基于教师对学生全面发展的重要作用，教师品格优势结构模型相继被建构起来。

1. 教师品格优势的多维结构模型

2009 年，中国香港学者陈（Chan）将 VIA-CS 结构模型引入教师品格优势研究。他发现中国香港教师的标志性品格优势（最重要、最频繁使用的品格优势）包括爱、感恩、合作、

❶ 张冲，孟万金.中国教师积极心理品质量表的编制研究［J］.中国特殊教育，2011（2）：58-64.

灵性和希望。❶此后，孟万金团队在 2011 年建构了中国教师品格优势结构模型，他们以 VIA-CS 结构模型为理论框架，结合中国传统文化和当前国情自主编制了《中国教师积极心理品质量表》，并对中国教师品格优势结构模型进行探索。结果发现，中国教师品格优势结构模型为一个二阶因子结构模型。其中，一阶因子包括智慧、勇气、人性等六大美德，二阶因子包括兴趣和创造力、智慧等二十一项品格优势（见表 1-3）。❷此后，我国学者以此结构模型为基础建构了不同学段的教师品格优势结构模型。廖伊婷 2016 年建构了小学教师品格优势结构模型，此模型包含智慧力量、积极情感、工作韧性、和谐人际关系四大美德和善于管理、想象丰富等四十项品格优势（见表1-4）。❸与此前孟万金等建构的中国教师品格优势结构模型相比，两类教师品格优势结构模型除在维度数目不等之外，每个维度包含的品格优势也不完全相同。

表 1-3 中国教师的品格优势结构模型

美德	品格优势
智慧	兴趣和创造力、智慧和知识、多角度看问题、热爱学习
勇气	勇敢和坚持、诚实、热情活力
人性	爱和被爱、友善、社交智力

❶ CHAN D W. The hierarchy of strengths：Their relationships with subjective well-being among Chinese teachers in Hong Kong ［J］. Teaching and Teacher Education, 2009（6）：867-875.

❷ 张冲, 孟万金 . 中国教师积极心理品质量表的编制研究 ［J］. 中国特殊教育, 2011（2）：58-64.

❸ 廖伊婷 . 小学教师积极心理品质研究 ［D］. 福州：福建师范大学, 2016.

续表

美德	品格优势
正义	领导能力、团队精神、公平
节制	宽容、谦虚、谨慎、自制
超越	审美、感恩、幽默风趣、信念和希望

表1-4 中国小学教师的品格优势结构模型

美德	品格优势
智慧力量	善于管理、想象丰富、创造性、幽默风趣、精于科研、求知、思想开放、多角度看问题、领导力、换位思考、逻辑思维、博学、思维敏捷、进取、思维、耐心、爱、宽容
积极情感	同理心、热情、善解人意、积极向上、善良、公平
工作韧性	守纪、敬业、谦虚、尽责、严谨、认真、奉献、严格要求、自律、勤奋
和谐人际关系	团结协作、富有亲和力、心理耐受力强、有理想、冷静、情绪调适

2. 教师品格优势结构的特点

不同学段的教师品格优势结构不同。孟万金等建构的中国教师品格优势结构模型囊括了学前、初等、中等和高等院校的教师，是一个综合性教师品格优势结构模型，此模型包括智慧、勇气、人性、正义、节制和超越六大美德，包括兴趣和创造力、智慧和知识、多角度看问题、热爱学习等二十一项品格优势。当具体到特定的职业阶段，教师品格优势结构模型又不完全相同。例如，小学教师的品格优势结构由智慧力量、积极情感、工作韧性、和谐人际关系四大美德以及善于管理、想象丰富等四十项品格优势组成。上述结果表明，不同学段的教师品格优势结构不仅有不同美德，即使同一美德其所包含的品格优势及每一品格优势的认知、情感和行为表现也不完全相同。

不同学段的教师品格优势分布也不同。品格优势分布是指各项品格优势的重要性在特定人群中的分布形态。常用的方法是根据品格优势的重要程度进行排序，将品格优势评估中得分中最高的 3~7 种品格优势归类为标志性品格优势或 TOP（高水平）品格优势，而把得分中最低的 3~7 种品格优势归类为BACK（低水平）品格优势。[1]盖安蒂埃科（Gradišek）对比了斯洛文尼亚在职教师和职前教师（准教师）的品格优势分布。结果发现，在职教师的标志性品格优势包括公平、正直、仁慈、好奇和爱，而职前教师的标志性品格优势包括仁慈、爱、公平、诚实和团队合作。[2]两类教师在公平、善良、正直、爱、好奇和感恩品格优势上得分最高，但在热爱学习、创造性和幽默品格优势上明显不同。与职前教师相比较，在职教师在热爱学习和创造性品格优势上得分较高，而在幽默上得分较低；相反，职前教师在幽默上得分较高而在热爱学习和创造性品格优势上得分较低。职前教师认为仁慈和爱是教师最重要的品格优势，而在职教师认为公平和正直更重要。

不同学段的教师品格优势分布不同的观点也得到来自中国

---

[1] SELIGMAN M E P, STEEN T A, PARK N, et al. Positive psychology progress: Empirical validation of interventions [J]. American Psychologist, 2005 (5): 410–421.

[2] GRADIŠEK P. Character strengths and life satisfaction of Slovenian in–service and preservice teachers [J]. Center for Educational Policy Studies Journal, 2012 (3): 167–180.

文化下教师品格优势研究的证实。张冲采用《中国教师积极心理品质量表》对中职院校教师的品格优势评估中发现，中职院校教师的品格优势中超越因素得分最高而智慧因素得分最低。❶ 葛明荣等采用《中国教师积极心理品质量表》调查中学教师品格优势后发现，品格优势水平从高到低依次为超越、公正、人性、节制、勇气和智慧。❷ 梁建芹采用《中国教师积极心理品质量表》调查发现，小学教师品格优势水平从高到低依次为超越、人性、节制、公正、勇气和智慧。❸ 上述研究结果表明，"超越"是中国各阶段教师最重要的美德，但不同学段的教师在六大美德的排序上不同。对于中学教师而言，"公正"比"人性"和"节制"重要，而对于小学教师来说，"人性"和"节制"比"公正"更重要。

文化不同，教师品格优势分布也不同。阿巴西米（Abasimi）和盖晓松（Gai Xiaosong）采用鲁赫（Ruch）等人编制的二十四项品格优势评定量表考察了加纳中小学教师的 TOP（高水平）品格优势和 BACK（低水平）品格优势。结果发现，感恩、善良、公平、学习力、诚实、远见和判断力七项品格优势是加纳中小学教师的 TOP 品格优势，而 BACK 品格优势包括创造力、谦逊、耐力、勇敢、灵性五项品格优势。❹ 与斯洛

---

❶ 张冲.中职教师积极心理品质现状调查研究［J］.中国特殊教育，2012（10）：84–89.

❷ 葛明荣，王晓静，梁建芹.初中班主任积极心理品质调查分析［J］.中国教育学刊，2012（8）：72–76.

❸ 梁建芹.小学班主任积极心理品质培养对策研究［D］.烟台：鲁东大学，2012.

❹ ABASIMI E, GAI X S. Character strengths and life satisfaction of teachers in Ghana ［J］. Humanities and Social Sciences Letters，2016（1）：22–35.

文尼亚教师品格优势分布相比，两个国家教师品格优势在 TOP 品格优势和 BACK 品格优势上存在共性，TOP 品格优势都包括公平、诚实、善良和判断力，BACK 品格优势都包括创造力和灵性，但不同文化背景的教师品格优势重要程度不同。❶

（二）品格优势教育研究

品格优势有向上的动力作用，它引导人向自我实现的方向发展，也影响人的思想、情感和行为方式的积极价值取向。就个人而言，品格优势发展能够提高人的生活满意度和增进人的幸福感。帕克等研究发现，二十四项品格优势中的希望、热情、感恩、爱和好奇心等品格优势与生活满意度成正相关。❷内图（Neto）等对澳大利亚青年的品格优势调查研究中也发现，生活满意度与二十四项品格优势正向相关。❸此外，品格优势还有助于增进人的身心健康。一方面，大多数品格优势都与人的健康行为有关。彼得森等研究发现，慢性疼痛、肥胖等身体疾病的恢复与勇气、善良、幽默品格优势密切正相关。❹甘德（Gander）等研究也发现，热情、希望、感恩等品

❶ GRADIŠEK P. Character strengths and life satisfaction of Slovenian in-service and preservice teachers [J]. Center for Educational Policy Studies Journal, 2012（3）: 167-180.

❷ PARK N, PETERSON C, SELIGMAN M E P. Strengths of character and well-being: A closer look at hope and modesty [J]. Journal of Social and Clinical Psychology, 2004（5）: 603-619.

❸ NETO J, NETO F, FURNHAM A. Gender and psychological correlates of self-rated strengths among youth [J]. Social Indicators Research, 2014（118）: 315-327.

❹ PETERSON C, PARK N, SELIGMAN M E P. Greater strengths of character and recovery from illness [J]. The Journal of Positive Psychology, 2006（1）: 17-26.

格优势与身体健康正相关，且大多数品格优势都与健康行为有关。[1]另一方面，品格优势既是促进个人发展的有利因素，也可以作为保护因素预防或减轻人的心理健康问题。例如，感恩有助于促进人的亲社会行为，宽恕可以减少人的抑郁和焦虑症状，幽默可以使老年人的抑郁水平降低。再有，品格优势（尤其是标志性品格优势）能够影响人的工作绩效。哈兹尔（Harzer）和鲁赫研究发现，任务绩效、工作奉献、人际促进、组织支持（工作绩效的四个维度）受到不同品格优势的影响。其中，毅力、自律、团队精神等与任务绩效相关，勇敢、好奇心、好学等与工作奉献相关，领导力、公平、善良等与人际促进相关，而在二十四项品格优势中有十八项品格优势（宽恕、谦虚等除外）都与组织支持密切相关。[2]对于社会而言，品格优势可以发挥道德共识的权威作用，它以社会群体的张力消除个人的社会离心现象达到社会整合的目的。总之，品格优势对个人和社会都有重要价值，而教育或者干预又可以引起个体品格优势强度的变化，所以品格优势常被用作教育或干预的出发点。在品格优势教育中形成以品格优势为中心、积极体验和积极组织支持为支撑的品格优势教育内容体系，培养人们识别和运用品格优势，人在品格优势教育中处于"主体"地位。

---

[1] GANDER F, PROYER R T, RUCH W, et al. Strength-based positive interventions：Further evidence for their potential in enhancing well-being and alleviating depression [J]. Journal of Happiness Studies，2013（4）：1241-1259.

[2] HARZER C, RUCH W. The relationships of character strengths with coping, work-related stress, and job satisfaction [J]. Frontiers in Psychology，2015（6）：1-12.

1. "一心两翼"的品格优势教育内容

"一心"是指以品格优势为中心，品格优势在品格教育中处于中心地位。品格优势教育主要关注道德行为者，它的出发点和归宿点都是以人为中心，以"成为什么样的人"为目标导向，将教育重心回归到个人品格。事实上每个人的内心都蕴藏着许多积极品质，它们是人的生命得以提升、发展和完善的内在驱动力。以人固有的、潜在的、具有建设性的品格优势为出发点，通过帮助人们识别和运用自身品格优势从而激发人自身内在的积极力量，并利用这些力量帮助人们最大限度地挖掘自己的潜力来促进其自身品格优势发展。

"两翼"是指在品格优势教育中以积极体验和积极组织支持为支撑。积极体验是品格优势发展的重要支撑。根据情绪拓展和建构理论，积极体验有瞬时拓展功能，它能使人产生一种广泛且有弹性的认知系统，从而拓展人的注意、认知和行动范围，积极地思考多种行动的可能性，进而有更多的资源来更好地应对困境。反过来，对困境的良好应对又能进一步产生积极情绪，它是一种"螺旋式"上升过程，最终帮助人达到丰盈状态。❶

积极组织支持是品格优势发展的另一重要支撑。它分为宏观、中观、微观三个层面，宏观层面包括积极的社会组织系统，中观层面包括积极的工作组织、学校以及社区组织系统，

---

❶ FREDRICKSON B L. The broaden-and-build theory of positive emotions [J]. Philosophical Transactions of the Royal Society B: Biological Sciences, 2004 (9): 1367-1378.

微观层面包括人的家庭组织系统。研究表明，人在不同的组织系统中会产生不同体验。例如，塞里格曼把工作由低到高分为工作、职业、事业三个层次。当工作只是工作时，人把获得薪水作为工作唯一目的。当工作成为职业时，人会在工作中有更多投入。当工作成为事业时，人对工作本身充满热情，其满足感完全来自工作，与薪水和升迁无关，在没有薪水或得不到升迁情况下，人们仍然愿意继续工作。如果某项工作可以使人充分发挥其自身品格优势，那么这项工作将转化为事业。所以，积极组织支持不仅是品格优势发展的支持力量，也是积极体验的直接来源。

2.积极取向的品格优势教育模式

根据亚里士多德的德性论，品格优势教育实质是德性实现的活动，是"德知、德性、德行"的变化过程。"德知"即道德认知，是对道德理论和规范的了解；"德性"是内在于主体的自我品质；"德行"即有德的行为，是实践性的"行善"。品格优势教育通常以内化"知善"理论为"怀善"德性，再到外化"行善"行为作为德性教育的方式，即以"认识—探索—运用"模式进行品格优势教育。❶具体而言，品格优势教育集中在以下几方面。

（1）识别和运用品格优势。个人根据自己的品格优势开展相对应的活动是迄今为止品格教育领域运用最为广泛的一种方

❶ WALSH S, CASSIDY M, PRIEBE S. The application of positive psychotherapy in mental health care: A systematic review [J]. Journal of Clinical Psychology, 2017 （6）: 638-651.

式。在教育过程中，参与者首先通过问卷测量、识别标志性品格优势等方式了解自身品格优势，或通过观察他人的品格优势和想象自己最好的状态来强化对自身品格优势的认识。❶ 然后，参与者学会如何在日常生活中运用自己的品格优势，并通过不断地练习来提升个人幸福感。例如，在"欣赏美的能力"这一品格优势教育中，有研究者设计了包括美丽日记、美丽意识、美丽作品、分享论坛等为期三周的在线课程，帮助参与者提高对"美的感知""美的体验""美的行动"的意识和能力，从而提升参与者的幸福感。近年来，有研究者提倡将传统干预策略和品格优势干预策略相结合来促进个体品格优势发展。尼米克（Niemiec）等将品格优势干预与正念干预相结合，通过正念的方式提高人对自身性格优势的认知，同时通过品格优势提升人的正念水平，二者相互作用共同促进人类的幸福与发展。❷

（2）感知和欣赏积极体验。积极体验能够帮助人获得积极成长和持续幸福感，它不但能够使人因内在达到平衡而产生基本愉悦感，而且能够促使人突破自我极限而获得发展的愉悦感。积极体验的方式多种多样。一方面，人们可以通过直接感知和欣赏来获得积极体验。例如，品味干预主要操作参与者的注意力，通过品味积极的回忆来唤起积极情绪，从而提升幸福感和生活满意度，降低焦虑和抑郁。另一方面，增强人与自然

❶ DUAN W J, BU H. Development and initial validation of a short three-dimensional inventory of character strengths [J]. Quality of Life Research, 2017（9）: 2519-2531.

❷ NIEMIEC R M. Mindfulness and character strengths: A practical guide to flourishing [M]. Cambridge, MA: Hogrefe Publishing, 2013.

的联结也是获得积极体验的一种重要方式。有研究结果表明，人类对自然的依赖也使自然成为人类幸福感的必要成分。自然环境能够帮助人恢复注意力、减轻压力、提升积极情绪和拓展认知。例如，每天花一点时间在户外或自然环境中聆听自然的声音、冥想或拍摄自然美景并相互交流可以促进人们获得积极体验。❶

（3）训练和养成积极思维。积极思维是指一个人对未来抱有积极期望并通过自身努力去实现期望的理念。积极思维的训练主要是帮助人用积极的视角来探索并实现目标（如希望疗法），或用积极的信念来促进其最优功能的实现（如幸福疗法）。例如，希望疗法的过程通常包括灌输希望和提升希望两个阶段。在灌输希望阶段，教育者帮助人理解"希望"的内涵、以积极的视角回顾自己经历、关注自己所获得的成就，使其明白希望感贯穿人的生命始终。在提升希望阶段，教育者帮助人寻找能够通向目标的方法和路径、人面临挑战时克服困难的方法，并增强人的动力思维来增加其实现目标的动机。❷ 目前，希望理论和希望疗法已经得到广泛的研究和运用。刘孟超和黄希庭概括和总结了希望与学业成绩、心理健康、生理健康、人力资源管理、物质滥用之间的联系和作用。❸ 谢丹等详

---

❶ PASSMORE H A, HOLDER M D. Noticing nature：Individual and social benefits of a two-week intervention ［J］. The Journal of Positive Psychology，2017（6）：537–546.

❷ 何敏贤，袁雅仪，段文杰. 发现自己的抗逆力：正向心理学的应用和技巧［M］. 北京：社会科学文献出版社，2014：37–39.

❸ 刘孟超，黄希庭. 希望：心理学的研究述评［J］. 心理科学进展，2013（3）：548–560.

述了希望思维在改善身心症状、行为矫正、维护心理健康、促进人的适应、激发个人成长等临床与实践领域的应用。❶希望疗法逐渐成为一种适用范围广、干预方法简单，可作为独立干预系统也可以与传统心理治疗相融合的教育策略。

（4）建立和维持积极关系。积极关系包括社会融合感、支持他人以及被他人支持。积极关系能够带来较高的生活满意度、希望、感恩。实践中可以通过鼓励参与者与他人积极互动、积极沟通来帮助参与者建立和维持积极关系。例如，"善良行为"是一种鼓励和引导参与者发现和识别需要帮助的人，并采取利他行为的积极干预策略。人类拥有一系列心理机制来激励我们去帮助别人。善良行为能够促进人采取更多的亲社会行为，进而促进个体幸福感的提升。"积极回应"是指积极地、有建设性地回应他人，它也是形成积极关系的一种重要方式。一项在学校中开展的积极干预项目——"没有'但是'的一天"中，研究者要求幼儿园教师和幼儿都以积极方式对他人做出回应，不能在言语中表达或者暗含"否定"。结果表明，我们如何回应他人对提高人际关系质量和增进个人幸福感有很大影响，积极回应对促进人际沟通和改善人际关系有重要作用。❷

品格优势教育模式背后的价值预设是人类自身有许多品格优势，这些品格优势是人的生命得以提升、发展、完善的内在

---

❶ 谢丹，赵竹青，段文杰，等. 希望思维在临床与实践领域的应用、特点与启示［J］. 心理科学，2016（3）：741-747.

❷ SHANKLAND R, ROSSET E. Review of brief school-based positive psychological interventions: A taster for teachers and educators［J］. Educational Psychology Review, 2017（2）：363-392.

驱动力，由此需要帮助人识别和运用自身品格优势，从而激发人自身内在的积极力量和优秀品质，并利用这些力量和品质促进自身品格发展。自我决定理论指出，人类有自主、胜任和归属三大基本心理需求。自主是人把自己看作行为源头的需求，胜任是人有能力达成目标的需求，归属是人对频繁和持久的关心的需求。人在充满安全感和归属感的环境中，内在动机最有可能被激发，并产生探索性行为。❶ 在品格优势的识别和运用中，人的胜任、自主和归属得到满足就会产生积极体验，积极体验作为一种间接变量影响品格优势对人幸福和健康的作用。❷ 反过来，根据拓展和建构理论，积极体验又可以拓展人的注意、认知、行动范围，使人从多角度去思考行为的可能性，也有更多的资源来更好地处理问题。❸ 简言之，识别和运用自身品格优势使人的心理需求获得满足，激发动机并产生积极体验和幸福感，而积极体验和幸福感又反过来使人更有可能在未来继续识别和运用自身品格优势。品格优势识别与运用和幸福感形成一种正反馈循环。

---

❶ BRITTON P C, WILLIAMS G C, CONNER K R. Self-determination theory, motivational interviewing, and the treatment of clients with acute suicidal ideation ［J］. Journal of Clinical Psychology, 2008（1）: 52-66.

❷ RYAN R M, DECI E L. Self-determination theory and the facilitation of intrinsic motivation, social development, and well-being ［J］. American Psychologist, 2000（1）: 68-78.

❸ FREDRICKSON B L. The broaden-and-build theory of positive emotions ［J］. Philosophical Transactions of the Royal Society B: Biological Sciences, 2004（9）: 1367-1378.

（三）人类发展生态学研究

"生态学"起初只是一个单纯的生物学概念，它源于人们对人与自然之间关系和生态问题的理性反思。19世纪中后期，科学技术的进步带来人们生活的巨大改善，但同时自然界的平衡与和谐也相继被打破。面临人和自然的关系以及人类生存环境的日益恶化，人们开始反思自身的思想和行为，反思人与自然的关系，生态学应运而生。生态学概念的提出不仅创立了一门自主科学并为大众所熟悉，而且把环境因素引入生物学研究，开创了生物生态学研究的新时代。时至今日，生态学不仅在自然科学领域取得长足发展，而且已经渗透到人文社会科学领域。生态学概念的内涵与外延不断被拓展，它已经由单纯的生物学概念发展成为一般意义的概念。生态学研究的重点也由以生物为主体的生态研究转向以人为主体的生态研究，从普通生态论转向人类生态论，其实践价值日益凸显并逐渐成为后续学者研究人类发展的理论基础。

1. 人类发展生态学理论的发展

（1）人类发展生态学理论的产生。人类发展生态学理论建立在对传统人类发展研究模式的批评之上。传统人类发展研究过多关注人的感知、动机、思维等心理过程的变化，沿着人的内部心理机制或者遗传路径着重分析心理过程各个元素"为何发展"和"如何发展"，而忽略了环境在人类发展中的重要作用，即脱离环境谈发展。格式塔心理学派认为，每当一种新刺激或新经验进入之后，人格中原有要素之间的关系就会发生改变，整体个性模式也会受到影响。受此观点影响，格式塔心理学派的勒温（Lewin）提出生态学概念并认为，在研究人或群体的行为时需要考虑人类所处环境的影响。在一项调查美国人饮食习惯的研究中发现，美国人饮食习惯难以改变，但这种饮食习惯并不只是受到美国人饮食态度的影响，它还受到当地食物供应、分配和经济因素的影响，而后者甚至对美国人饮食习惯的影响更大。因而，在一定程度上人或群体的行为与其所处的环境存在关联，研究的焦点不能只放在人或群体的心理过程上，还要研究人或群体所处的环境。

勒温的生态学思想基础是心理场理论。作为拓扑心理学的一个核心概念——心理场，其是指人的心理现象具有空间属性，这种空间属性主要由人的需要和心理环境相互作用关系组成。在勒温看来，行为是人与心理环境交互作用的结果，即 $B=f(p, e)$。也因此，勒温开始将研究的焦点转变到人所处的环境上，强调人对环境的知觉和环境对发展的间接影响。此后，勒温的学生罗杰·巴克和赫伯特·赖特继承和发展了勒温的生态学思想并拓展了环境概念。他们认为环境不仅包括人所体验到的心理环境，还包括环境的实际客观特征。他们主张在自然环境条件中研究人的行为和发展，开创了自然环境条件下研究人类行为和环境关系的新模式。

（2）人类发展生态学理论的发展。勒温和其学生开创了行为和环境关系研究的先河并形成生态学理论雏形，但人类发展生态学理论的发展离不开布朗芬布伦纳（Bronfenbrenner）的贡献。布朗芬布伦纳对生态学理论发展的贡献之一是他在生态学理论的基础上重新定义了环境概念。他认为环境是人能够体验到的并对人的发展产生影响的"事件或条件",同时他强调环境对人的发展有间接影响和直接影响,所以布朗芬布伦纳倡导以交互作用作为人类发展研究的首要原则。[1] 此外,布朗芬布伦纳早期研究的突出贡献还在于他对环境结构的研究。受勒温的拓扑学心理场概念的影响,布朗芬布伦纳认为环境结构像一个鸟巢一样由多个层次构成,每一层次嵌套在相邻的更高层次里面。依据环境对人发展的作用程度,布朗芬布伦纳将环境从内到外分为微观系统、中间系统、外在系统和宏观系统,四个环境系统相互联系、相互作用,共同对人的发展产生重要影响。至此,多元环境系统思想已初步成熟。布朗芬布伦纳不仅认为人或群体是在交互作用的多元环境系统中发展,他还认为人和各种环境系统之间的交互关系对人的发展也十分重要,因而强调生态学思想是以系统的观点来分析环境。整体论、系统观以及多元环境系统思想构成了人类发展生态学的重要思想。

（3）人类发展生态学理论的成熟。早期人类发展生态学理论把研究的焦点放在环境对人发展的影响上,忽视了发展中人的生物心理特征对其自身发展的影响,发展研究从没有情景的发展走向另一极端——没有发展的情景。为此,布朗芬布伦纳重新定义了发展概念并认为发展是人在过去、现在和未来整个生命历程中其生物心理特性持续和变化的现象,它是人对生态环境、自己与环境之间关系的认识,以及发现、维持和改变环

---

[1] BRONFENBRENNER U. The ecology of human development: Periments by nature and design [M]. Cambridge, MA: Harvard University Press, 1979: 28.

境能力的一组特性。受维果斯基（Vygotsky）的"最近发展区"概念的启发，布朗芬布伦纳在人类发展生态系统理论中引入"最近过程"概念。他把人类发展看成一个过程，这一过程受到人的特征、环境、时间以及三者之间相互作用的影响。"最近过程"、人的特征、环境和时间四个特征以及特征之间的动态关系构成人类发展的生物生态学模型，即"最近过程—人的特征—环境—时间"（PPCT）模型。在此模型中，"最近过程"是核心，它是人类发展的动力；人的特征、环境和时间相互作用的同时又都影响"最近过程"的效果，是"最近过程"的动力来源。反过来，"最近过程"受到人的特征、环境和时间影响的同时也影响人的特征、环境和时间。与早期的多元环境系统思想相比，人类发展的生物生态学模型重新考虑了人的特征对发展的影响，它强调人的特征既是发展的原因也是发展的结果。这一模型不但平衡了人的特征与环境系统在人类发展中的作用，也阐明了人类发展的基本原理。人类发展生态系统理论不断成熟并成为人类发展以及其他跨学科研究的理论基础和分析框架。

2. 人类发展生态学在教育领域的理论研究

伴随着生态学研究在人文社科领域的不断深入，我国学者逐渐意识到教育也发生在活生生的情景之中，教育中有诸多的关联性、多元性、差异性和不确定性，教育内外还有诸多看不见却又每时每刻都在起作用的关系，这些特性和关系表明教育生态的客观存在。从20世纪80年代开始，我国学者对教育生态环境、教育生态系统、教育生态原理、教育生态功能等

关键问题进行探索，逐步建构起我国教育生态学理论体系。吴
鼎福、诸文蔚的《教育生态学》一书详细论述了教育中生态环
境、生态结构、生态环境与教育的作用与反作用。❶2000 年，
范国睿在《教育生态学》一书中对学科体系建设方面做出了较
大的突破。❷此后，生态心理学理论、人类发展生态学理论等
相继被引入我国，教育生态学逐渐成为我国教育科学研究的重
要领域之一。秦晓利从概念、背景（社会、科学、哲学、心理
学）、研究方法（注重生态效度的实验法、自然观察法、测量
法、档案法）、研究领域（生态知觉论、行为背景论、生态危
机论）等进行了系统阐释，并运用生态学中复杂性视角与思维
方式对生态心理、生态危机等问题做出生态心理学解读，试图
从生态观、人性观、方法论等元理论层面对众多生态心理学研
究进行整合。❸易芳以史为纲，按照时间线索对生态心理学的
发展进行纵向分析，力图反映出为何生态心理学是一种新的心
理学研究取向、它的基本主张是如何通过各个理论分支得以体
现和发展、在实践中如何运用生态心理学，力图廓清生态心理
学在心理学研究中的理论地位。❹

　　在学前教育领域，人类发展生态学理论研究也获得快速发
展。在《社会学视野下的师幼互动行为研究：我在幼儿园里看
到了什么》中，研究者以人类发展生态学理论中的交互原则作

❶ 吴鼎福，诸文蔚.教育生态学 [M].南京：江苏教育出版社，2000：116–118.
❷ 范国睿.教育生态学 [M].北京：人民教育出版社，2000：21–22.
❸ 秦晓利.面向生活世界的心理学探索：生态心理学的理论与实践 [D].长春：吉林大学，2003.
❹ 易芳.生态心理学的理论审视 [D].南京：南京师范大学，2004.

为师幼互动行为研究视角。[1]1996 年，朱家雄等编写的《幼儿园环境与幼儿行为和发展的研究》一书运用人类发展生态学理论研究了幼儿园环境与幼儿行为发展的关系，为学前教育实践的开展提供了有可行性和可操作性的诸多启示，也为当今我国学前教育实践改革提供了科学依据。[2]2007 年薛烨等合著的《生态学视野下的学前教育》一书中系统介绍了人类发展生态学理论。他们认为，幼儿行为和发展问题的研究不能仅仅只关注儿童自身特征的发展，还应当关注儿童发展的生态环境，只有了解幼儿所处的生态环境（如家庭、社区、幼儿园等）并考虑影响幼儿发展的生态环境的复杂性，才能真切地理解幼儿行为。[3]代杏子从理论演进的视角对布朗芬布伦纳早期人类发展生态学理论和晚期人类发展生物生态学理论进行了比较分析并提出以交互作用作为研究人类发展的切入点，发展研究的重点应放在"最近过程"上，并认为人在与环境交互作用中发展，生态转换是发展的有利条件，提倡运用生态转换来促发展。[4]此后，人类发展生物生态学模型（PPCT）常被用来作为学前教育指导性理论之一。

---

[1] 刘晶波 . 社会学视野下的师幼互动行为研究：我在幼儿园里看到了什么 [M].南京：南京师范大学出版社，2006：72–73.
[2] 朱家雄，华爱华 . 幼儿园环境与幼儿行为和发展的研究 [M]. 上海：世界图书出版社，1996：34–35.
[3] 薛烨，朱家雄，等 . 生态学视野下的学前教育 [M]. 上海：华东师范大学出版社，2007：13–14.
[4] 代杏子 . Bronfenbrenner 生态系统学说及演化：交互作用发展观探索 [D]. 上海：华东师范大学，2011.

3. 人类发展生态学理论在学前教育的应用研究

（1）学前教育活动的生态学研究。人类发展生态学应用于学前教育活动首先体现在对环境影响的剖析上。芬妮海奥（Feniehel）以布朗芬布伦纳的人类发展生态学理论为分析框架剖析了儿童发展的政策环境。结果发现，儿童发展的政策环境由社会力量、社会政策和政策变化构成，三者之间的关系影响了儿童发展。❶ 凯恩兹（Kainz）等考察了贫困儿童的阅读发展问题。结果表明，儿童所处的多层次生态环境影响了儿童及其家庭、课堂教学、学校组织模式，从而影响到儿童阅读能力的发展。❷ 也有研究以人类发展生态学理论为基础开展教育干预。例如，一些研究者以生态环境系统中某一个层次（如微观系统）的主要元素（如克分子活动、人际关系、角色三个元素）为最小分析单元对幼儿园教学活动、幼儿园游戏、幼儿园活动环境等进行生态化解读，帮助学前教育走出困境、促进幼儿健康发展。❸

（2）幼儿园教师发展的生态学研究。人类发展生态学理论引入教育以后，研究者以人类发展生态学理论为分析框架对幼儿园教师发展进行了大量研究。徐颖等从生态学视角分析了幼儿园教师的责任边界，并认为幼儿园教师、幼儿家长和社会是学前教育中相辅相成的三个重要生态环境因子，应当一起

❶ FENIEHEL E. Relationships at risk: The policy environment as a context for infant development [J]. Infants and Young Children, 2002（2）：49–56.

❷ KAINZ K, VEMON–FEAGANS L. The ecology of early reading development for children in poverty [J]. Elementary School Journal, 2007（5）：407–427.

❸ 黄静. 人类发展生态学视野下的幼儿园游戏研究 [D]. 重庆：西南大学，2010.

承担幼儿发展的责任。❶ 在责任生态系统中，幼儿园教师是幼儿发展的主要责任体；作为幼儿的第一任教师——家长负有根本责任；社会是幼儿发展的重要责任体，因此幼儿发展的生态圈需要幼儿园教师、幼儿家长和社会共同参与、相互协作，共同承担起幼儿发展的责任。也有研究者基于人类发展生态学理论从微观系统中克分子活动、人际关系和角色三个基本元素以及中间系统的连结揭示了影响幼儿园教师情绪的环境因素。研究者认为，影响幼儿园教师情绪的因素是多元的，它包括师幼互动、权力平衡、情感关系、自我角色认同、角色期待，以及中间系统连接的性质等，因此加强情绪情境化教育、建立幼儿园教师情绪疏导机制、共建情绪支持系统是促进幼儿园教师情绪健康发展的重要途径。❷ 马金凤以生态学理论分析了当前师幼关系的现状和成因，并从幼儿园教师生态因子、幼儿生态因子、幼儿园生态教育、家庭与社会生态因子四个方面提出师幼关系优化策略，发挥幼儿园教师、幼儿、幼儿家庭和幼儿园协同作用，共同促进师幼关系的优化发展。❸ 随着人类发展生态学理论在幼儿园教师研究中运用的不断深入，研究者认为教师行为和成长应当重视教师发展的生态环境，把教师行为和成长植根于发展生境中，在教师教育过程中以生态取向教师发展

❶ 徐颖，邓艳红，张欣，等.教育生态学视角下的教师责任边界探析［J］.现代教育科学，2019（9）：42-46.
❷ 张戈.人类发展生态学视野下幼儿教师情绪影响因素研究：以上海市某公立幼儿园为例［D］.上海：上海师范大学，2018.
❸ 马金凤.教育生态学视野下的师幼关系研究：以 F 幼儿园中五班为例［D］.芜湖：安徽师范大学，2019.

理念为指导，营造良好的教师个人和教师群体专业发展生态环境，建构动态平衡的教师发展生态系统以促进教师发展。

（四）以往研究不足与启示

1.教师品格优势结构研究应具体到各学段

从"问题取向"到"发展优势"的研究理念与师德教育在价值取向上高度契合，成为师德教育研究的一种新趋势。近年来，教师品格优势结构研究逐渐成为教师师德研究的重要议题。一些研究者参考VIA–CS结构模型构建了教师品格优势结构模型、中国教师品格优势结构模型、小学教师品格优势模型，但也发现不同学段的教师品格优势结构有差别。● 即使品格优势结构相似，不同学段的教师拥有的品格优势分布也存在差异。因此，教师品格优势结构研究很有必要具体到各学段的教师。

尤其是与中小学教师相比，幼儿园教师的教育对象是幼儿，幼儿园教师兼具保育和教育职责。保教工作常被誉为"爱的劳动"，作为一种有社会价值的服务性劳动，它对幼儿园教师素养的要求与其他教育工作者素养的要求不完全相同，所以幼儿园教师与其他学段的教师品格优势结构不一定相同，即使品格优势结构类似，与其他学段的教师在品格优势分布上也会不同。譬如，所有教师都有"爱学生"的素养要求，但幼儿园教师的"爱"与其他学段的教师的"爱"相比一定是最充分、

● ABASIMI E, GAI X S. Character strengths and life satisfaction of teachers in Ghana [J]. Humanities and Social Sciences Letters, 2016（1）: 22–35；张冲，孟万金.中国教师积极心理品质量表的编制研究 [J].中国特殊教育，2011（2）: 58–64；廖伊婷.小学教师积极心理品质研究 [D].福州：福建师范大学，2016.

最集中、最浓缩、最厚重的，也是更加彻底且没有任何附加条件的。因此，教师品格优势结构研究很有必要具体到各学段的教师，尤其要具体到教育性质和教育对象不同的幼儿园教师。因为只有加深对品格优势结构的探寻，方可为幼儿园教师品格优势研究提供一个统一的话语体系。更为重要的是，品格优势是实现教师德性的重要途径，也是教师德性的具体表现形式，建构幼儿园教师品格优势结构可以让幼儿园教师德性"真实可见"，也有助于厘清幼儿园教师道德教育中"培养什么"的问题。

2.品格优势教育应兼顾教育内容和教育情景

品格优势教育能够促进个体内在的激励和满足，也能够促进个人最佳功能的实现。❶ 现有开展的品格优势教育中，无论设立独立课程传授积极心理元素、将品格优势教育嵌入大部分的学术课程，还是将品格优势教育蕴含在生活事件中，其实质都只局限在品格优势教育内容。这种基于"内容取向"的品格优势教育强调教育内容，而没有考虑到品格优势教育的情景因素。根据情景交互作用理论，事件的心理意义取决于人与具体情景的交互作用，品格优势教育并不必然提升幸福感或降低生活满意度，而是取决于品格优势与其运行情景的交互影响，情景因素是影响人们获得幸福感、追求生命意义的关键因素，它在很大程度上决定人们追求幸福的方法、形式、程度等是否适

❶ MEYERS M C, VAN WOERKOM M. Effects of a strengths intervention on general and work-related well-being: The mediating role of positive affect [J]. Journal of Happiness Studies, 2017（18）: 671-689.

当。❶ 例如，在学术研究中"好奇心"和"创造力"是有益的，因为它们可以促进人们发现有价值的问题。但是在军队里，一个好奇和有创造力的人可能会被认为是不服从命令，因为质疑或非常规思维方式可能会让其他战友处于危险之中。在这种情况下，"勇气"和"自律"更容易得到认可。这就意味着，在一些特定情景中品格优势教育并不必然产生积极结果，品格优势产生积极或者消极结果不是取决于品格优势教育活动本身，而是取决于品格优势识别和运用与情景是否一致。因此，在品格优势教育中有必要兼顾教育内容和教育情景，达到教育内容与教育情景的统一。

3. 品格优势教育应把握品格优势间的整体关联和动态平衡

以往品格优势教育重点关注个体的标志性品格优势（最重要、最频繁运用的品格优势），倡导培养和提高人的标志性品格优势，发挥标志性品格优势的积极、正向导向作用，而不是弥补低水平品格优势。在此之中隐含了一个未经证实的假设，即与低水平品格优势相比，标志性品格优势对提升幸福感更重要。这一观点与经验中"木桶原理"不相符。在"木桶原理"中，木桶的短板决定木桶盛水多少，据此可以推断，一味地增强标志性品格优势而忽略弥补低水平品格优势可能会影响品格优势干预或教育的效果。一些研究者主张在品格优势教育或干预中既要增强标志性品格优势，也不能忽略弥补低水平品格

---

❶ MC NULTY J K, FINCHAM F D. Beyond positive psychology? Toward a contextual view of psychological processes and well-being [J]. American Psychologist, 2012（67）：101–110.

优势。这一主张得到了后续研究结果的支持。拉斯特（Rust）等研究发现，基于标志性品格优势的干预和基于低水平品格优势的干预都能够随着时间的推移提高人们生活满意度。❶ 杨（Young）等进一步发现，在控制标志性品格优势的积极效应之后，标志性品格优势和低水平品格优势的平衡对人们的幸福感有显著预测作用，并且标志性品格优势强度与品格优势平衡没有产生交互作用。❷ 结果表明，弥补低水平优势也能产生积极效应。所以，未来品格优势教育中有必要考虑品格优势间的整体关联和动态平衡。

4. 以往研究对幼儿园教师品格优势教育的启示

品格优势教育的价值所指是个体德性的实现，它的出发点和归属都是以人为中心，旨在回答"我们应该成为什么样的人"，也因此人的主体地位才会受到充分尊重，才能真正实现"培养有德之人"的价值旨向。从"问题取向"到"发展优势"的研究理念与师德教育在价值取向上高度契合，成为师德教育研究的一种新趋势。但就目前而言，"培养什么"和"如何培养"等问题在以往幼儿园教师品格优势教育研究中未曾得到有效解决，上述问题依然成为制约幼儿园教师品格优势教育成效的一个重要瓶颈。

❶ RUST T, DIESSNER R, READE L. Strengths only or strengths and relative weaknesses? A preliminary study ［J］. The Journal of Psychology, 2009（143）: 465–476.

❷ YOUNG K C, KASHDAN T B, MACATEE R. Strength balance and implicit strength measurement: New considerations for research on strengths of character ［J］. The Journal of Positive Psychology, 2015（1）: 17–24.

其一，培养什么？当前我国虽然建构了中国教师品格优势结构模型和小学教师品格优势结构模型，厘清了中小学教师品格优势结构，但不同学段的教师品格优势结构不同，甚至不同学段的教师品格优势分布也不同，所以用中小学教师品格优势结构模型来研究幼儿园教师品格优势在内容上缺乏针对性。遗憾的是，目前有关幼儿园教师品格优势结构仍然不清楚。当前研究通常借助教师品格优势结构模型、小学教师品格优势结构模型或 VIA–CS 结构模型来研究幼儿园教师品格优势，这类研究势必会出现针对性不强的问题。因此有必要建构本土化幼儿园教师品格优势结构模型，厘清幼儿园教师有哪些关键品格以及这些品格之间有何关系，以便在幼儿园教师品格优势教育中教有所依。

其二，如何培养？以往品格优势教育过多地关注品格优势教育内容而忽略教育情景，造成品格优势教育内容和教育情景的割裂，从而导致品格优势教育实效性不高和推广有限。人类发展生态学理论为回答上述问题提供了一个新视角。该理论认为，人在与环境交互作用中发展，人与环境之间相互联系、相互依赖、相互作用构成一个生态系统，共同推动人的发展。❶幼儿园教师品格优势发展有人类发展所具有的情景性，也有诸多的关联性、多元性、差异性和不确定性，且幼儿园教师品格优势发展内外还有诸多看不见却又时刻都在起作用的关系，这些特性和关系表明幼儿园教师品格优势发展生态的客观存在。

---

❶ BRONFENBRENNER U. The ecology of human development: Periments by nature and design [M]. Cambridge, MA：Harvard University Press，1979：8.

既然品格优势发展生态是客观的，那么未来幼儿园教师品格优势教育中应统一品格优势教育内容与教育情景，让幼儿园教师品格优势在与环境交互作用中发展，由品格优势发展走向品格优势生态化发展。

另外，以往研究结果也表明品格优势教育有助于幼儿园教师认知、情感和行为方式的改变，有助于激发幼儿园教师的专业发展动机，[1] 有助于降低幼儿园教师的职业倦怠水平，也有助于促进幼儿园教师更好地做好保教保育工作。[2] 但就目前而言，幼儿园教师品格优势结构是什么，哪些环境因素影响幼儿园教师品格优势发展，在人与环境交互作用中幼儿园教师品格优势究竟如何发展等问题成为制约幼儿园教师品格优势教育成效的瓶颈。为此，本研究以人类发展生态学理论为基础，探索出幼儿园教师品格优势结构，确定影响幼儿园教师品格优势发展的外部环境因素，厘清幼儿园教师品格优势发展过程中人与环境之间的联系是什么以及如何交互作用。

再有，品格优势发展不仅涉及何者为善，还有如何行善之义。幼儿园教师品格优势结构的构建、影响幼儿园教师品格优势发展外部环境的确定，以及幼儿园教师品格优势生态化发展机制的探索，三者最终目的在于它的应用，即在生态学理论的指引下寻求合适的、最优化的教育策略来促进幼儿园教师品格优势发展。在幼儿园教师品格优势教育中，品格优势的识别、

---

[1] 任俊，叶浩生 . 积极：当代心理学研究的价值核心［J］. 陕西师范大学学报（哲学社会科学版），2004（7）：106–111.

[2] 梁慧娟，冯晓霞 . 北京市幼儿教师职业倦怠的状况及成因研究［J］. 学前教育研究，2004（5）：32–35.

诊断和干预是品格优势发展实践的基础性问题，三者又都离不开幼儿园教师品格优势的生态评估。近年来，越来越多研究者意识到，品格优势评估是一个多向过程，应该反映人与环境交互的重要性和复杂性，而不仅仅只关注人的内部特征，还需要从生态学角度来考量。这意味着品格优势评估既要考虑人的内部特征、外部生态环境，也要考虑人与环境的交互作用。例如，某个人有行为不当的情形，它确实意味着行为与预期不一致，但这并不一定意味着问题就一定出在个人身上，它也可能与谁执行行为、与谁发生行为、谁来评价行为以及行为发生的环境有关。为此，本研究遵循生态评估原则、考虑人与环境交互的重要性和复杂性，从品格优势的识别和运用、外部生态环境的意识和体验、品格优势与环境的交互三方面对当前幼儿园教师品格优势发展进行生态评估，旨在探明当前幼儿园教师品格优势发展中存在的现实问题，分析问题产生的原因并从生态学视角提出幼儿园教师品格优势生态化发展的教育对策。综上所述，本研究围绕"幼儿园教师品格优势结构及生态化教育"主要探究以下三个基本问题：

（1）建构幼儿园教师品格优势结构模型，明晰幼儿园教师品格优势教育内容。

（2）确定影响品格优势发展的外部环境以及在品格优势发展中人与环境如何交互作用，以探明幼儿园教师品格优势生态化发展机制，让幼儿园教师品格优势教育教有所依。

（3）以幼儿园教师品格优势生态化发展机制为基础审视当前幼儿园教师品格优势发展中存在的生态问题，并从生态学视

角分析问题产生的原因和提出促进当前幼儿园教师品格优势生
态化发展的具体教育对策。

第三节　研究设计

一、研究目标与内容

（一）研究目标

基于文献基础和以往研究成果，本研究围绕"幼儿园教师
品格优势结构及生态化教育"的关键问题，通过研究拟达成三
个目标。其一，厘清幼儿园教师品格优势结构。其二，探明幼
儿园教师品格优势生态化发展机制。其三，明晰当前幼儿园教
师品格优势发展中存在的生态问题、找出问题发生的原因，并
从生态学视角提出相应的教育对策。

（二）研究内容

围绕上述三个研究目标，研究包括四方面内容：

研究一，幼儿园教师品格优势结构模型的建构。该部分主
要厘清幼儿园教师有哪些品格优势，这些品格优势通过哪些正
向品格来体现以及这些品格优势之间有何关系。

研究二，探明影响幼儿园教师品格优势发展的生态环境。

该部分从影响人发展的微观、中间、外在和宏观系统四个方面探索出每个环境系统中究竟有哪些具体环境因素影响幼儿园教师品格优势发展，为探明幼儿园教师品格优势生态化发展机制奠定基础。

研究三，探明幼儿园教师品格优势生态化发展机制。在前两个研究的基础上继续探明在幼儿园教师品格优势发展中，教师自身特征、外部环境，以及教师和外部环境如何交互作用以促进自身品格优势发展，回答幼儿园教师品格优势究竟"如何培养"的问题。

研究四，以幼儿园教师品格优势生态化发展机制为依据，从品格优势发展的内部结构、外部环境以及人与环境的交互性三方面探明当前幼儿园教师品格优势发展存在的生态问题，并从生态学视角分析原因和提出教育对策。

二、研究思路与方法

（一）研究思路

以品格优势发展来培养教师德性合乎新时代幼儿园教师道德教育逻辑，但当前幼儿园教师品格优势教育尚无幼儿园教师品格优势结构可供参考，导致幼儿园教师品格优势教育实践中教无所依。影响幼儿园教师品格优势发展的外部环境也不清晰，幼儿园教师和生态环境如何耦合、交互也不清楚，导致幼儿园教师品格优势教育实践中教无所循。幼儿园教师品格优势教育局限在"培养什么"和"如何培养"上。

"培养什么"需要厘清幼儿园教师品格优势结构，"如何培养"需要厘清幼儿园教师品格优势生态化发展机制。为此，本研究首先建构出幼儿园教师品格优势结构模型；然后以人类发展生态学理论为基础，运用生态学本体论和方法论思想探明影响幼儿园教师品格优势发展的外部生态环境以及幼儿园教师与外部生态环境如何耦合、交互，明晰品格优势生态化发展机制；最后从生态学视角来评估和诊断当前幼儿园教师品格优势生态化发展中存在的现实问题、分析原因并提出相应的对策。

（二）研究方法

在研究方法的选择上，本研究采用定性研究为主、定量研究为辅的"主—辅混合设计"范式。在设计中，前一种方法得到的结果作为后一种方法的基础。❶ "主—辅混合设计"的一个优势是可以综合利用定性研究和定量研究各自方法的优势，又可以利用一种方法的优势去弥补另一种方法的不足，从而形成交叉性验证优势。在本研究中，定性研究得到的结果帮助定量研究设计合适的工具、确定数据分析的具体技巧和程序。幼儿园教师品格优势结构模型的建构和确定影响幼儿园教师品格优势发展的外部生态环境都采用"主—辅混合设计"。具体而言，首先通过定性研究建构理论模型，然后以该理论模型为基础自主编制测验并测试，最后运用结构方程模型技术验证理论模型。

❶ 邓猛，潘剑芳.论教育研究中的混合方法设计 [J]. 教育研究与实验，2002（3）：56–61.

1. 访谈法

访谈法是本研究的主要研究方法，它主要用于幼儿园教师品格优势结构模型的理论建构（第三章）和探索影响幼儿园教师品格优势发展的生态环境系统（第四章）两个部分。在幼儿园教师品格优势结构模型建构中采用行为事件访谈。采用关键事件技术（STAR），围绕 S（情景）、T（任务）、A（行为）和 R（结果）四个问题挖掘出访谈对象在过去关键事件中采取的措施和行动细节。在确定影响幼儿园教师品格优势发展的外部生态环境中采用深度访谈，在访谈中访谈者尽可能帮助受访者回忆和表达有关"品格优势"发展最真实的事例和影响因素。

2. 测验法

测验法是本研究的辅助研究方法，它主要用于验证经过定性研究建构的"幼儿园教师品格优势结构模型"和"幼儿园教师品格优势发展的生态环境系统"两个理论模型，以及幼儿园教师品格优势发展的生态评估。在两个理论模型的验证中主要包括以下三个步骤：（1）以建构的理论模型为基础自主编制测验；（2）检验自编测验的心理测量学属性（如区分度、信度、效度）；（3）用正式测验对调查对象进行大样本测试，对回收数据进行探索性因素分析和验证性因素分析，验证定性研究建构的理论模型。在幼儿园教师品格优势发展的生态评估中，测验包括以下三个步骤：（1）以幼儿园教师品格优势结构模型和影响幼儿园教师品格优势发展的环境系统为基础自主编制测验；（2）检验自编测验的心理测量学属性；（3）对调查对象进行大样本测试，对回收数据进行方差分析检验和回归分析，以探明当前幼儿园教师品格优势发展存在的生态问题。

3. 叙事研究

幼儿园教师品格优势生态化发展机制的探索（第五章）采用教育叙事。教育叙事是表达人们在教育实践中所获取的教育经验、体验、知识和意义的有效方式，它一般包括经验收集和对收集的经验进行重组和理解、提供意义诠释两个过程。❶依据人类发展生态学理论，幼儿园教师品格优势在与环境交互作用中发展，但人与环境的交互性难以被量化，且这种交互性通常是通过一系列事件来体现，需要大量的理解和诠释。所以本研究以研究者本人为研究工具、以对话和故事为手段，通过描述与幼儿园教师品格优势发展有关的行为和经验、收集和讲述幼儿园教师品格优势发展有关的故事，在解构和重构故事材料过程中动态地考察幼儿园教师品格优势发展中人与环境的交互作用，从而获得解释性理解。❷

三、研究过程

围绕"幼儿园教师品格优势生态化发展"的关键问题和研究总体思路，本研究通过四个研究来探明在幼儿园教师品格优势生态化发展中应该"培养什么"和"如何培养"。

---

❶ 丁钢. 教育叙事的理论探究 [J]. 高等教育研究，2008（1）：32–37；丁钢. 教育叙事研究的方法论 [J]. 全球教育展望，2008（3）：52–59.

❷ 傅敏，田慧生. 教育叙事研究：本质、特征与方法 [J]. 教育研究，2008（5）：36–40.

1.幼儿园教师品格优势结构模型的建构（研究一）

研究一先基于扎根理论，通过关键事件访谈和编码分析建构幼儿园教师品格优势结构的理论模型，然后以理论模型为基础自主编制测验并测试，最后运用结构方程模型技术验证理论模型。该研究包括四个步骤：（1）行为事件访谈。遵循定性研究"非概率取样"中"目的性取样"原则，抽取新疆维吾尔自治区120名幼儿园教师作为访谈对象进行行为事件访谈。（2）编码分析。编码分析以扎根理论为基础，通过对经验资料的不断思考、系统分析、比较、归纳和概念化，通过研究者的理论触觉建构扎根于经验资料中的理论。本研究通过开放性编码、主轴编码和核心编码（或选择性编码），从低级到高级逐步形成概念、概念类属、核心类属，并最终建构幼儿园教师品格优势结构模型。（3）编制测验。以幼儿园教师品格优势结构的理论模型中72个正向品格为依据编制试题，测验编制经过编制初始测验—第一次测试—修订测验—第二次测试—确定正式测验—正式测试等环节。在三次测试中，《幼儿园教师品格优势问卷（初始版）》测试450人，数据主要用于项目分析，《幼儿园教师品格优势问卷（修订版）》测试560人，数据主要用于问卷的测量学属性分析，《幼儿园教师品格优势问卷（正式版）》测试1800人，数据主要用于验证幼儿园教师品格优势结构的理论模型。

2.影响幼儿园教师品格优势发展的生态环境（研究二）

研究二先通过访谈和主题分析探明影响幼儿园教师品格优势发展的生态环境系统理论模型，然后以理论模型为基础自主编制测验并测试，最后运用结构方程模型技术验证理论模型。该研究包括：（1）深度访谈。采用"目的性取样"，选取喀什、阿克苏、塔城（各2所）、乌鲁木齐市（1所）共7所幼儿园的6名农村幼儿园教师和8名城市幼儿园教师进行深度访谈。访谈主要围绕影响幼儿园教师品格优势发展的外部生态环境，访谈者尽可能帮助受访者回忆和表达有关自身品格优势发展最真实的事例和影响因素。研究者历时3周完成访谈，每名受访者的访谈时间约为90分钟，访谈全程录音。（2）类属分析。数据处理主要对14个访谈文本进行类属分析，包括主题分类、形成类属和类属分析三个步骤。类属分析采用深度描述的方式，在类属分析形成的主题下面穿插一些故事片段和轮廓分析以丰满主题的内涵。（3）编制测验。以影响幼儿园教师品格优势发展的生态环境系统理论模型中14个环境因子为依据编制试题，测验编制经过编制初始测验—第一次测试—确定正式测验—正式测试等环节。在两次测试中，《幼儿园教师品格优势发展的生态环境问卷（初始版）》测试280人，数据主要用于项目分析和问卷的测量学属性分析。《幼儿园教师品格优势发展的生态环境问卷（正式版）》测试600人，数据主要用于验证幼儿园教师品格优势发展的生态环境系统理论模型。

3. 探明幼儿园教师品格优势生态化发展机制（研究三）

研究三采用叙事研究，通过对三位幼儿园教师的叙事分析来厘清幼儿园教师品格优势生态化发展机制。该研究包括：（1）收集对话和故事文本。按照定性研究中目的性抽样原则，选择能够为研究问题提供丰富信息的幼儿园教师作为研究对象。本研究选取喀什、塔城和阿克苏地区 3 名幼儿园教师作为研究对象。其中 2 名一级教师，1 名二级教师，3 名幼儿园教师能够为剖析幼儿园教师品格优势生态化发展机制提供丰富素材。（2）组织单个故事文本。采用组织故事元素成为问题解决的叙事结构，即按照时间顺序，把故事中的背景、人物、活动、问题和问题解决五个方面形成一个包含故事基本元素的序列性文本。（3）形成故事文本。组织幼儿园教师在不同发展节点上的活动形成故事文本。（4）跨越三位幼儿园教师个案叙说的主题分析。参考里斯曼（Riessman）（1993）主题分析法，从个案中寻找叙说的一致性并用反复出现的主题来发展三位幼儿园教师叙事中的核心概念。本章叙事研究关注幼儿园教师个案主题但又不局限于个案，跨越三位幼儿园教师个案的叙说进行主题分析，以探明幼儿园教师品格优势生态化发展机制。

4. 探究幼儿园教师品格优势生态化发展中存在的问题（研究四）

前三项研究明晰了幼儿园教师品格优势是什么，它受到哪些环境因素的影响，以及品格优势在环境中究竟如何发展，研究四以前期建构的幼儿园教师品格优势生态化发展机制为基础，进一步审视当前幼儿园教师品格优势发展中存在的生态问题，分析原因以便寻求合适的、最优化的策略来促进幼儿园教师品格优势的生态化发展。具体过程包括：（1）编制测验。（2）问卷测试。采用整群抽样在阿克苏、喀什、克孜勒苏柯尔克孜、塔城、伊犁、阿勒泰、乌鲁木齐市等 13 地区共选取 1000 名幼儿园教师进行幼儿园教师品格优势发展问卷测试。

（3）数据处理。对测验收集的数据运用SPSS21.0进行统计处理。研究从品格优势内部结构中各品格优势发展是否失衡、生态环境意识和实际体验到的生态环境支持是否平衡、品格优势发展与外部生态环境间关系是否平衡三方面考察幼儿园教师品格优势生态化发展中存在的问题。

简而言之，本研究以幼儿园教师品格优势结构模型的构建为起点，然后结合幼儿园教师品格优势，运用生态学本体论和方法论思想探明幼儿园教师品格优势生态化发展机制，最后以本研究建构的幼儿园教师品格优势生态化发展机制为依据探明当前幼儿园教师品格优势生态化发展中存在的问题，并据此提出促进幼儿园教师品格优势生态化发展的优化策略。

第二章 理论基础

人类发展生态学理论指出，人在与环境交互作用中发展，发展是人与环境交互作用的结果。该理论由过多关注人类感知、动机、思维等心理过程转向强调人与环境的交互作用对人类发展的影响，并逐渐成为人类发展以及其他跨学科研究的理论基础和分析框架。幼儿园教师品格优势在鲜活的真实情景中发展，它有人类发展所具有的情景性，而且品格优势发展内外还有诸多看不见却又时刻都在起作用的关系，这些特性和关系表明幼儿园教师品格优势发展生态的客观存在，这与人类发展生态学理论强调在真实情景中研究人类发展十分契合，所以本研究选取人类发展生态学作为研究的理论基础。

第一节 人类发展生态学理论

人类发展生态学理论由早期的多元生态环境系统模型和晚期的生物生态学模型组成，早期的多元生态环境系统明晰了影响人类发展的各种环境因素，晚期的生物生态学模型阐述了人类发展的基本原理。

一、多元生态环境系统模型

布朗芬布伦纳把环境看作人的生物心理属性与造就人类发展的诸多环境变量的综合体，注重客观环境是如何被生活在环境中并与之发生交互关系的人所感知的方式。换言之，对心理和行为发生和发展有影响的不是客观现实的环境，而是人所感知的和所理解的环境。在布朗芬布伦纳看来，影响人类发展的生态环境系统是由不同层次的环境系统组成并嵌套一起的结构模型，它由内向外分别为微观系统、中间系统、外在系统和宏观系统，而且每一层次的环境系统由内向外嵌套在相邻的一个更高层次的环境系统里，四个环境系统相互联系、相互作用，共同影响人的发展（见图2-1）。❶

（一）直接影响发展的微观系统

生态环境系统最内层是微观系统，它涉及的环境是发展中的人直接参与的、面对面的场所（如家庭、学校等）。微观系统通过克分子活动（molar activity）、人际关系和角色直接影响人的发展。

---

❶ BRONFENBRENNER U. The ecology of human development：Periments by nature and design［M］. Cambridge, MA：Harvard University Press，1979：3-4.

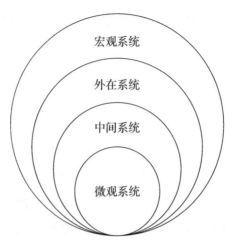

图 2-1　根据布朗芬布伦纳人类发展生态学理论建立的生态环境系统

克分子活动是促进人发展最有利的环境因素，它是指正在进行并且有自身动量（或动力性）的活动。它通过自身的动力性影响人的发展，克分子活动的动力性越大越能够促进人的发展。❶克分子活动的动力性主要体现在以下四方面：（1）克分子活动种类的多少。克分子活动的种类越多，其相应的动力性越大。（2）克分子活动结构的复杂程度。克分子活动完成的目标越多、持续时间越长，克分子活动的动力性也越大。（3）克分子活动心理动量的大小。发展中的人在克分子活动中越主动、专心程度越高、抗干扰能力越强，则克分子活动的动力性越大。（4）所感知的心理场的复杂性。如果参与克分子活动的人数越多，或与其他事件相比发展中的人感觉越复杂，则克分子活动的动力性越大，人受到该活动的影响也就越大。

❶　BRONFENBRENNER U. The ecology of human development: Periments by nature and design [M]. Cambridge, MA: Harvard University Press, 1979: 6–8.

人际关系是指对发展中的人注意或参与另一人的活动并建立起来的一种双向关系。它包括三种不同的功能形式：（1）观察的双人关系。当发展中的人注意到另一个人的活动，且另一人也感觉到他（或她）的注意，那么两人便会建立起一种观察的双人关系。例如，幼儿园教师观察张三在摆积木，而张三也感觉到老师的注意，那么幼儿园教师与张三便建构起一种观察的双人关系。（2）联合活动的双人关系。如果活动的双方都能感觉到他们在做同一件事情，那么活动的双方便形成一种联合活动的双人关系。例如，张三在摆积木时，幼儿园教师在一旁帮忙或指导，则幼儿园教师与张三便建构起一种联合活动的双人关系。（3）基本的双人关系。在多次持续的联合活动中，发展中的人与参与活动的其他人建立起一种强烈而持久的情感联系，那么就会形成基本的双人关系。三种不同功能形式反映了人际关系发展的不同阶段和不同程度。观察的双人关系逐渐会演变为联合活动的双人关系，经过多次持续的联合活动，联合活动的双人关系又会发展为基本的双人关系。人类发展生态学理论认为，随着人际关系发展程度的加深、发展阶段的不断递进，人际关系对人发展的影响就会越来越大。当发展中的人与参与活动的其他人能够建立起强烈而持久的情感联系时，此时人际关系对发展的影响最大，即使参与者不在场，这种人际关系仍然会对发展中的人产生重要影响。

角色是指处于某一特定地位的人和与其相关的重要他人所期望的一组活动和关系。角色对人类发展所起的作用体现在它能够唤醒与该角色期望一致的感知、活动和人际关系，它可以通过人所承担的角色活动影响人做什么和怎么做，甚至可以改变人的思维和感受。当该角色获得更多的鼓励和支持时，发展中的人更容易表现出被期望的行为，反之会阻碍被期望的行为。总之，发展中的人在角色中从事特定的克分子活动，形成相应的人际关系，进而获得发展。克分子活动、人际关系和角色整合在微观系统里动态地影响人的发展。❶

（二）涉及环境之间关系的中间系统

中间系统是微观系统的系统，它是指发展中的人所参与的各种环境之间的关系。例如，幼儿与幼儿园教师在交互作用中会形成师幼关系，幼儿与幼儿家长在交互作用中会形成亲子关系，那么幼儿园教师和幼儿家长的交互作用便会形成一种交互关系——亲师关系，这种亲师关系被认为是幼儿园教师发展的中间系统。当发展中的人进入一个新环境，中间系统随之被拓展。布朗芬布伦纳根据相互关联的可能性，把中间系统分为复合环境参与、间接连接、环境之间的相互交流以及环境之间的知识四种类型。复合环境参与是中间系统成立的最基本条件，它是指一个人参与两个或两个以上的情景。间接连接是指发展主体并不直接参与环境，而是由第三方帮助发展中的人建立起两个或多个环境中人与人之间的联系。环境之间的相互交流是指从一个环境向另一个环境的人传递一定的信息。对于发展中的人而言，环境之间的相互交流有助于他（或她）参与到更

---

❶ BRONFENBRENNER U. The ecology of human development: Periments by nature and design [M]. Cambridge, MA: Harvard University Press, 1979: 6-8.

多开放的交流平台并发展自己。环境之间的知识是指在现有环境中存在的有关其他环境的信息或经验。如果发展中的人来到一个新的环境之前就已经事先获得这个新环境的有关信息和经验，那么作为人的发展环境——中间系统对人发展的影响就会越大。

中间系统对人发展的影响依然可以通过克分子活动、人际关系和角色所组成的最小单元来解释。只是微观系统中的克分子活动、人际关系和角色都是发生在同一情景中，而中间系统中的克分子活动、人际关系和角色发生在不同情景间的相互关系之中。一般而言，如果中间系统中的不同情景对发展中的人角色要求一致，不同情景之间能够建立起一种相互理解、相互信任的联系，而且不同情景之间的目标一致，那么此中间系统对人发展的作用就会越大。❶ 总之，人的发展涉及发展主体所参与的各种环境及环境之间的关系，且中间系统对人发展的影响还离不开更大环境的支持。

（三）间接影响发展的外在系统

外在系统是指发展主体没有直接参与，但却影响其发展的一个或者多个环境。例如，幼儿园的性质、幼儿园在同行中的地位会影响幼儿园教师的活动范围、处事方式、承担的社会角色以及建立的人际关系。幼儿园教师虽然没有直接参与这些外在系统，但上述环境因子都有可能影响幼儿园教师的儿童观和

---

❶ BRONFENBRENNER U. The ecology of human development: Periments by nature and design [M]. Cambridge, MA: Harvard University Press, 1979: 10–18.

教育观，影响幼儿园教师的发展。

（四）代表基础信念和意识形态的宏观系统

宏观系统代表一种基础的信念系统或意识形态，它是微观系统、中间系统和外在系统在整个文化或者亚文化水平上可能存在的内容和形式。微观系统、中间系统和外在系统对人的行为和发展的影响是在宏观系统这种广阔情景下得以实现的，同时三者对人的行为和发展的影响在很大程度上又反映了宏观系统对人类发展的影响。

二、人类发展的生物生态学模型

在多元环境系统思想中，布朗芬布伦纳把环境的概念拓展到人的行为之外，并且从单一环境扩展到环境之间的关系。在回顾过去生态学视野下的发展研究时却不难发现，研究者只专注于环境研究，而忽略发展中的人自身特征对发展的影响。人类发展研究从没有情景的发展走向另一极端——没有发展的情景。布朗芬布伦纳认为只有把人的特征与先前的多元生态环境系统动态地整合起来，才能够促进人类发展生态学理论更加完善。于是，布朗芬布伦纳进一步指出，人的生物心理特性和生态环境系统并非互相独立，相反，二者相互作用，共同促进人的发展。受维果斯基"最近发展区"的启发，布朗芬布伦纳把人类发展看成一个过程，并用"最近过程"（proximal process）概念来说明人类发展的基本原理（人的特性和生态环境之间如何交互以促进人的发展），并形成人类发展的生物生态学模型：
"最近过程—人—环境—时间"模型。这一模型包含"最近过程""人""环境""时间"四种主要成分，四种成分之间的动态交互关系共同推动人的发展。在人的发展中，"最近过程"是发展的动力，"人"、"环境"与"时间"是发展的动力来源。❶

（一）"最近过程"是发展的动力

受维果斯基"最近发展区"理论的启发，布朗芬布伦纳在人类发展的生物生态学模型中引入"最近过程"概念来说明人类发展的基本原理。"最近发展区"理论认为人的发展有两种水平：一种是人的现有发展水平，另一种是人的可能发展水平，这两种发展水平之间的差距即为最近发展区。教育活动应立足于最近发展区，并不断将最近发展区转化为人的现有发展水平。受维果斯基"最近发展区"理论的启发，布朗芬布伦纳将人的发展看成一个过程，一个人与环境交互作用的过程。在特定情景中持续交互作用的形式被称为"最近过程"，它会随着人的不同发展阶段而变得日益复杂。对于发展中的人来说，持续地参与到日益复杂的活动中会产生相应的知识、能力、动机，会导致人的更高水平功能发展，而这些又会使发展中的人在其他情景中主动发起类似的活动，从而获得发展。"最近过程"对人类发展的效力受到两方面因素的影响。（1）交互作用的持久性。发展中的人参与有自身动量的、正在进行的、持久

---

❶ BRONFENBRENNER U. The ecology of human development: Periments by nature and design［M］. Cambridge, MA：Harvard University Press，1979：20-38.

性的活动是"最近过程"发生作用的前提条件。活动维持的时间和活动发生的频率是影响"最近过程"的效力的两个主要因素。活动维持的时间越长,"最近过程"的效力就越大;活动发生的频率越高,"最近过程"的效力就越大。(2)日益复杂性。随着人的发展,"最近过程"会变得日益复杂。例如,随着年龄的增长,儿童的发展能力获得提升,影响"最近过程"的关键人物也从父母转向其他人。为了使"最近过程"继续有效,儿童必须面临挑战、学会适应,从而"最近过程"也在适应中变得更加广泛和复杂,进而促进儿童的发展。总之,人正是在与生态环境交互作用中不断认识和建构其生态环境并产生相应的知识、能力和动机,从而使人能够在其他新的情景中发起类似的活动,活动逐渐变得更频繁和更复杂,发展便由此产生。正如布朗芬布伦纳所言,要想发展发生,人必须参与到活动之中;而要想有效地发展,活动必须持续足够长时间,以至于活动变得愈加复杂,简单的重复活动不足以引起发展。

(二)人的特征、环境和时间是人类发展的动力来源

1. 人的特征影响"最近过程"的复杂性

人的特征是影响"最近过程"方向和效力的一个重要因素。布朗芬布伦纳从需要特征、资源特征和动力特征三方面阐述了人的特征对"最近过程"的重要影响。需要特征在活动之初生成对他人或活动的期待,会对最初的活动产生重要影响。发展需求越大,"最近过程"才会变得更加复杂,从而促进人类发展。资源特征主要是指人的知识、能力和经验,是人类发

展的必要条件。人类发展会因与环境相联系的资源特征不同而不同。资源特征越充足，人越有能力完成更复杂的活动，"最近过程"也会更复杂，发展的潜力也越大。动力特征是指人的气质、行为倾向和持久性等特质，它分为发展生成性特征和发展破坏性特征。发展生成性特征使人与环境的交互作用处于持续运转之中并且维持它们的持续作用从而促进人的发展，相反，发展破坏性特征会降低活动的动力性从而阻碍人的发展。❶总而言之，需要特征、资源特征和动力特征三者相互联系、相互作用，不断促进活动动力性的提升。活动愈加复杂，交互作用的形式——"最近过程"也变得愈加复杂，进而促进人的发展。

2. 环境变化影响"最近过程"的复杂性

环境作为人类发展的生物生态学模型中的一个重要成分促进或阻碍"最近过程"的效力。生态环境中包含发展中的人在特定的时空范围内体验到能够引发发展或不能引发发展的克分子活动、角色和人际关系，三个元素中特定的物理特征、社会特征和符号特征促进或阻碍发展中的人在特定环境中进行持续时间较长并且复杂程度较高的活动或者交互作用。

3. 时间变化影响"最近过程"的复杂性

活动持续的时间越长，活动的动力性越大，"最近过程"也会变得更加复杂从而促进人类发展。随着时间的变化，人的特征在不断变化，人所处的环境也随之改变。这些变化改变了

---

❶ BRONFENBRENNER U. The ecology of human development: Periments by nature and design ［M］. Cambridge, MA: Harvard University Press, 1979: 37–38.

现有的人与环境之间的关系，进而产生一种引起人发展的动力。总而言之，人类发展的生物生态学模型中的"最近过程"、人的特征、环境和时间四个成分之间存在动态的交互作用。一方面，人的特征、环境和时间在相互作用的同时影响"最近过程"的内容、方向和效力；另一方面，"最近过程"在受到人的特征、环境和时间影响的同时又反过来影响人的特征、环境和时间。四者之间的动态交互关系共同推动人的发展。

第二节　以人类发展生态学理论研究品格优势发展的适切性

能否借助人类发展生态学理论来研究品格优势发展，其关键在于品格优势发展和人类发展生态学理论之间是否能够搭建一座相互沟通的桥梁，而其中关键在于论证理论的适切性、实践的适切性和方法论的适切性。❶

一、理论上品格优势发展遵循生态规律

人类发展生态学理论认为，人、环境、人与环境的关系是一个统一的整体，任何一方中某个条件的改变都可能引起另一

---

❶　刘贵华，朱小蔓.试论生态学对于教育研究的适切性［J］.教育研究，2007（7）：3-7.

方的部分改变，因此，以生态论为基础研究人的发展应当关注人的内在因素与各子系统、外部的其他生态系统，乃至社会大系统之间的关联性，以多维生态观为基础，才可有效地把握和利用各种交互关系促进人的发展。❶幼儿园教师的品格优势是一类相似、有正面道德价值的品格。品格优势之间相互关联，共同决定和影响幼儿园教师的思想、情感和行为方式的积极价值取向，引导幼儿园教师向自我实现的方向发展。此外，幼儿园教师品格优势在真实情景中发展。幼儿园教师只有不断平衡自身内部品格优势发展、外部生态环境因素，以及幼儿园教师与环境之间的交互关系才可促进自身品格优势发展。正是由于幼儿园教师品格优势发展的规则和生态规律有共同之处，生态学思维也十分贴近幼儿园教师品格优势发展样态，因而借鉴人类发展生态学理论来研究幼儿园教师的品格优势发展是适切的，它有利于运用跨学科的思维和方法来审视当前幼儿园教师品格优势发展中存在的生态问题，拓展幼儿园教师品格优势发展研究的思路和方法。

二、实践中人类发展生态学理论能够指导品格优势发展

在实践中，生态学理论能够有效地指导幼儿园教师品格优势发展。当前幼儿园教师品格优势发展还存在一些误区，困扰

---

❶ 薛烨，朱家雄，等.生态学视野下的学前教育［M］.上海：华东师范大学出版社，2007：16–17.

着品格优势教育的实效性。幼儿园教师品格优势发展实践表明，品格优势发展有情景性，它既受到教师自身特征的影响，也受到环境因素的影响，还受到教师与环境交互关系的影响，情景因素是影响幼儿园教师获得幸福感、追求生命意义的关键因素，在很大程度上决定幼儿园教师追求幸福的方法、形式、程度等是否适用。而生态学理论的核心是整体论和系统论，它的理念和方法有助于我们重新审视当前幼儿园教师品格优势发展中存在的现实问题，破解当前幼儿园教师品格优势发展的现实困境。

三、方法论上品格优势发展遵循整体关联和动态平衡

生态学方法论的精髓在于其整体关联和动态平衡。整体关联要求人们在分析人的行为和发展时需要把人与其所处的环境联系起来，运用交互作用的方法来重新解读人的心理与行为。幼儿园教师品格优势结构模型本身就是一个多维联系的整体，它体现了生态学的整体关联。此外，幼儿园教师品格优势教育实践也表明，品格优势教育并非总是带来积极效果，在某些情景下，品格优势教育甚至会引发相反的效果。当品格优势与培养情景发生交互且方向一致时，幼儿园教师的积极认知、积极情感、积极行为才可产生价值联动，进而推动幼儿园教师自身品格优势发展。显然，整体关联和动态平衡的生态学方法论也是幼儿园教师品格优势发展的方法论，二者在方法论上是共通的。

　　总而言之，在理论上，幼儿园教师品格优势发展蕴含生态学中"整体关联"和"动态平衡"生态规则。在实践中，当前幼儿园教师品格优势教育的现实困境缘于其忽略了教师与环境的交互关系，解决这一现实困境需要建构生态学思维和理念。在方法论上，幼儿园教师品格优势发展的情景性和生态整体论、生态系统论等生态学方法论是共通的。幼儿园教师品格优势在鲜活的真实情景中发展，它遵循人类发展的生态规律，强调品格优势的整体关联和动态平衡，强调品格优势发展的情景性，所以将人类发展生态学理论引入幼儿园教师品格优势发展研究是适切的。

第三章　幼儿园教师品格优势结构模型

品格优势教育是实现教师德性的一种重要途径，它与师德教育价值高度契合，并成为师德教育的一种新趋势。幼儿园教师品格优势教育的前提之一是要明晰品格优势教育具体内容，它涉及幼儿园教师品格优势结构。本章基于扎根理论并通过对120名幼儿园教师的关键事件访谈和开放性编码、主轴编码和核心编码三级编码分析，从低级到高级逐步形成概念、概念类属、核心类属，建构出幼儿园教师品格优势结构模型，为探明幼儿园教师品格优势生态化发展机制奠定基础。

第一节　幼儿园教师品格优势结构模型的建构

遵循定性研究"非概率取样"中"目的性取样"原则，抽取参与2019年度幼儿园教师国培项目4个班中120名幼儿园教师作为访谈对象进行行为事件访谈。访谈对象涉及新疆维吾尔自治区14个地州市，包括汉族、维吾尔族、回族、蒙古族、哈萨克族等 13 个民族，覆盖小班、中班、大班和学前班。其中男性 12 人，女性 108 人。访谈有效数据为 119 份，有效率 99.17%。

访谈分两批完成，第一批访谈从 2019 年 3 月 9—23 日、第二批访谈从 2019 年 4 月 24 日至 5 月 8 日，每名受访者的访谈时间为 60~90 分钟。在正式访谈前，告知访谈对象访谈目的，在征得访谈对象同意后约定访谈的时间和地点。根据《访谈提纲》和《访谈问题参考》，对 120 名幼儿园教师实施访谈并录音。访谈对象需要回忆并阐述 4~6 件与自身品格相关的关键事实或经历（如一堂课、一件事、一次教育过程等）。在每一件关键事件的阐述中，访谈对象需要详细回忆出事件发生时的 S（情景）、T（任务）、A（行为）和 R（结果）4 个问题。在访谈过程中，访谈者引导性地对访谈对象进行提问，也可根据实际情况，对《访谈问题参考》中的问题做适当调整、转述或追问，尽可能多地获取有关幼儿园教师品格优势的信息。在关键事件访谈中，根据实际情况以下问题常常会被追问。在 S（情景）中：那是一个怎么样的情景？什么因素导致该事件的发生？在这个情景中有谁参与？在 T（任务）中：事件发生后您是怎么想的？什么原因让您有这样的想法？您面临的主要任务是什么？在 A（行为）中：事件发生后您是怎么做的？您这么做的理由是什么？您认为您的哪些做法促使了这件事的成功（或失败）？它体现了什么道理或教育规律？您个人的哪些特点促使了这件事的成功（或失败）？在 R（结果）中：最后的结果是什么？过程中又发生了什么？事件处理后您做了哪些具体反思？这些反思对您今后工作有哪些作用？

一、开放性编码分析及结果

编码分析以扎根理论为基础。扎根理论注重理论的"扎根性"，强调对经验资料的不断思考、系统分析、比较、归纳和概念化，通过研究者的理论触觉建构扎根于经验资料中的理论。对经验资料的编码是扎根理论研究中最重要的环节，编码一般分为开放性编码、主轴编码和核心编码（或选择性编码），从低级到高级逐步形成概念、概念类属、核心类属，并最终建构理论。在编码中，研究者先将120名教师的访谈录音逐词逐句地转录和整理成文本（约62.5万字），编码在文本上进行。编码包括预编码和正式编码。在预编码中，研究者熟悉编码方法与编码规则。正式编码是对每份文本进行品格优势内容分析并识别主题，确定幼儿园教师有哪些正向品格，这些正向品格之间有何关系。

开放性编码是将原始资料进行分解和比较，形成概念的过程。在开放性编码中，研究者尽可能悬置自己的主观性、不先入为主、保持开放、贴近数据。研究者先对每份访谈进行断句（以逗号为断句标准），然后对每句话进行内容分析，并在此基础上将每句话的内容抽象和概括成一个表达某种正向品格的词语。例如，受访者说："我思考了这件事情的处理过程一晚上（反思），后面咨询了园长、同事（谦逊），也查看了一些书籍和资料（学习）。第二天鼓起勇气给ＸＸ宝贝的妈妈打了一

个电话（不退缩），因为我想让家长和孩子有正确的认识（远
见），教育也是一个过程，方式、方法很重要（学识）。"通过
连续比较的方法对原始概念进行剔除和合并，共形成七十二个
正向品格的词语（见表3-1）。

表3-1　开放性编码结果（*N*=119）

品格	频次	品格	频次	品格	频次
有爱心	281	欣赏美	146	办实事	111
耐心	276	情绪管理	145	有希望	105
责任心	271	客观评价	144	平衡	102
关心	260	集体感	138	考虑全面	96
尊重儿童	251	分析	137	人生意义	93
童心	240	成就感	137	向往未来	92
同情心	228	忠诚	135	接受批评	89
同理心	220	有想法	132	兴奋	88
利他	211	洞察力	132	爱挑战	86
平等	197	有精力	128	承认不足	86
有趣	191	自我效能	128	独创	84
积极思维	187	创意	126	爱学习	83
团队精神	186	善始善终	126	有远见	78
感召力	172	影响力	121	兴趣广	75
感染力	167	守规则	120	敏锐	75
虚心	167	坚持	119	新奇	62
发现美	162	有抱负	118	慎重	61
目标导向	161	决策力	117	爱探索	53
乐观	159	睿智	116	有目标	53

品格	频次	品格	频次	品格	频次
教育信仰	157	自律	114	权衡利弊	48
考虑周到	153	有韧性	113	迎难而上	38
不退缩	152	被爱	112	思维开阔	37
热情	151	不冒险	112	幸福感	35
反思	146	找原因	79	无偏见	23

二、主轴编码分析及结果

主轴编码是在开放性编码的基础上寻找开放性编码得到的"词语"之间的关系，形成概念类属。例如，"兴趣广"和"爱探索"在语义上相似，都反映了访谈对象喜好了解新奇或矛盾事物的兴趣，在主轴编码中被编码为"好奇心"。有时，一个具体案例不一定能产生概念类属，它也可能是多个案例中的开放性编码结果在语义上相似，这些词语共同反映某一概念类属。将开放性编码获得的幼儿园教师七十二个正向品格进行再次分析和归类，最后获得十六个概念类属，即幼儿园教师的十六项品格优势（见表3-2）。

表3-2　主轴编码结果（N=119）

概念类属	概念
创造力	独创、新奇、创意、有想法
活力	感染力、有精力、兴奋、热情
思维	睿智、敏锐、积极思维、洞察力

概念类属	概念
好奇心	兴趣广、爱探索、有趣、爱学习、有远见
反思力	分析、反思、考虑全面、找原因、思维开阔、自我效能
希望	向往未来、有目标、发现美、欣赏美、幸福感、有希望
公平	平等、无偏见、平衡、集体感
领导力	感召力、决策力、影响力、忠诚、团队精神
善良	同情心、责任心、利他、童心、同理心
爱	有爱心、被爱、关心、耐心
毅力	善始善终、目标导向、坚持、办实事、有韧性
勇气	爱挑战、不退缩、迎难而上
审慎	慎重、权衡利弊、考虑周到、不冒险、客观评价
自制	自律、守规则、情绪管理
信念	有抱负、教育信仰、乐观、成就感、人生意义
谦卑	虚心、承认不足、尊重儿童、接受批评

三、核心编码分析及结果

核心编码是对已编码过的概念类属（主轴编码）进行分析，形成核心类属。核心类属是某一类概念类属的高度概括。一个核心类属包含多个概念类属，在核心编码中研究者需要从经验事实上升到理论结构。如上述案例中的创造力、活力和思维等主轴编码功能相似，都反映访谈对象基于知识对行为做出合理判断的一种德才合一美德，在核心编码中被编码为"智慧"美德。经过概括、重组和整合，十六项品格优势最终被归纳为三个核心类属，分别命名为智慧美德、人性美德和意志力美德（见表3-3）。

表3-3　核心编码结果（N=119）

核心类属	概念类属
智慧	创造力、活力、思维、好奇心、反思力
人性	爱、善良、领导力、公平、希望
意志力	毅力、勇气、审慎、自制、信念、谦卑

四、幼儿园教师品格优势的结构模型

通过三级编码分析，最终提炼出七十二个概念、十六个概念类属和三大核心类属。编码分析中概念、概念类属和核心类属分别构成幼儿园教师品格优势结构理论模型的正向品格、品格优势和美德。在结构上，幼儿园教师品格优势结构包括垂直和水平层次上的分类。具体而言，从大到小分别包括美德、品格优势和正向品格三个垂直层次，每一垂直层次又细分出若干个水平层次，即每一美德再细分成5~6项品格优势、每一品格优势又包含3~6项正向品格（见表3-4）。

表3-4　幼儿园教师品格优势结构的理论模型

美德	品格优势	正向品格
智慧	创造力	独创、新奇、创意、有想法
	活力	感染力、有精力、兴奋、热情
	思维	睿智、敏锐、积极思维、洞察力
	好奇心	兴趣广、爱探索、有趣、爱学习、有远见
	反思力	分析、反思、考虑全面、找原因、思维开阔、自我效能

续表

美德	品格优势	正向品格
人性	希望	向往未来、有目标、发现美、欣赏美、幸福感、有希望
	公平	平等、无偏见、平衡、集体感
	领导力	感召力、决策力、影响力、忠诚、团队精神
	善良	同情心、责任心、利他、童心、同理心
	爱	有爱心、被爱、关心、耐心
意志力	毅力	善始善终、目标导向、坚持、办实事、有韧性
	勇气	爱挑战、不退缩、迎难而上
	审慎	慎重、权衡利弊、考虑周到、不冒险、客观评价
	自制	自律、守规则、情绪管理
	信念	有抱负、教育信仰、乐观、成就感、人生意义
	谦卑	虚心、承认不足、尊重儿童、接受批评

（一）智慧美德

智慧是指人们在知识的基础上，对行为做出合理判断的一种德才合一美德，它是人们在生活实践中积累起来的一种面对生活的品质、状态和境界。[1] 幼儿园教师的智慧美德是幼儿园教师在长期保育和教育实践中积累起来的知识经验、保教能力和品格，它既包含知识经验的获得，也包含知识经验在生活中的合理应用。幼儿园教师的智慧美德重点强调幼儿园教师在保教实践中所拥有的知识素养、睿智地看待问题和分析问题，进而能够采取合乎师德规范的手段和方法高效率地解决问题，综

---

[1] 陈浩彬，汪凤炎.智慧：结构、类型、测量及与相关变量的关系 [J].心理科学进展，2013（1）：108-117.

合表现为幼儿园教师的创造力、反思力、思维、好奇心、活力五项品格优势。

《幼儿园教育指导纲要（试行）》实施二十多年来，学前教育理念和实践已经发生了根本性变化，已经由以幼儿园教师的"教"为中心逐渐转变到以幼儿的"学"为中心。它强调在保教活动中幼儿的主动性参与和幼儿的主动性建构。这种教育理念的转变也带来了幼儿园教师"能力重点"的转移和"能力结构"的根本性变化。如何搭建幼儿"学"的支架，吃透幼儿知识、能力、品格的生长点，调动幼儿参与和对话，在保教活动中幼儿园教师如何与幼儿共同建构知识等成为幼儿园教师智慧发展的重点，也对幼儿园教师的智慧美德提出新的要求。

其一，幼儿园教师在保教活动中要有创造力。创造力是指在一定目的和条件下，人们能够产生新颖、独特、有社会价值或个人价值的产品（以某种形式存在的思维成果）的能力。3—6 岁幼儿的学习以直接经验为基础，幼儿通过直接感知、实际操作和亲身体验而获取知识经验。而且，此阶段的幼儿身心发展不成熟，好奇但注意力难以维持长久，好动但也容易以自我为中心，心理机能快速发展但也容易受到伤害。这就要求幼儿园教师要在保教活动中重视游戏和幼儿生活等直接经验的独特价值、创设丰富的教育环境、合理地安排幼儿园一日活动，为幼儿搭建"学"的支架；也要求幼儿园教师找准幼儿教育契机，巧妙地将教育渗透到幼儿一日活动中对幼儿进行随机教育。幼儿一日活动的巧妙安排、教育契机的创造、幼儿教育的随机性等对幼儿园教师创造力品格优势提出较高的要求。幼儿园教师需要在游戏和幼儿一日活动中有想法，发挥自己的创造力，创设独特、新奇、有创意的教育情景，在幼儿园保教活动的随机教育中进行有目的的幼儿教育。

其二，思维和反思力品格优势是幼儿园教师需要具备的重要智慧美德。思维是一种通过洞察事物的现象发现事物本质的能力，是一种把握复杂事物的发展动态和预测未来的能力。虽然3—6岁幼儿都沿着相似的进程在发展，但不同年龄的幼儿身心发展特点又不同，孩子们各自的发展速度和到达某一水平的时间也不一样，这就要求幼儿园教师有较好的思维品质。幼儿园教师需要学识广、睿智、善于透过现象看本质，同时又要对幼儿发展有敏感性，能够在对幼儿发展的不同阶段，特别是幼儿发展的关键点有敏锐的思维，能够准确判断幼儿的发展情况，把握幼儿发展动态。反思力是指思维活动中能够独立分析、批判和精细地检查思维过程的能力或品质。幼儿园教师需要在保教活动中吃透幼儿的生长点，能够及时了解孩子们的真实想法，睿智地、敏锐地洞察到孩子们不同阶段的发展需求，同时又能够理性反思自己的保教行为。

其三，幼儿园教师还要有好奇心和活力。好奇心是人们遇到新奇事物或处在新的环境中所产生的注意、操作和提问的心理倾向，表现为人们想了解自己所不知道的事物，即新奇或矛盾的事物。3—6岁幼儿虽然稚嫩却又对幼儿园教师的行为举止十分敏感，幼儿园教师的一言一行都在耳濡目染地影响幼儿。而且，3—6岁幼儿正处在经验、知识、意识形态发展的重要时期，喜欢模仿。由于幼儿园教师的施教过程是"无言之教"，此阶段的幼儿很容易受到幼儿园教师的影响，在缺乏准确判断的情况下完全接受和模仿幼儿园教师的行为。所以，要想让班级的幼儿充满活力、有好奇心，那么幼儿园教师首先要对新鲜事物充满好奇，自己本身活泼开朗、热情而有活力。如果老师平时就很严肃，那么孩子们也会跟着紧张、焦虑、着急、缺乏活力。《幼儿园教师专业标准（试行）》中明确提出，要注重保护幼儿的好奇心、培养幼儿的想象力、发掘幼儿的兴趣爱好，由此幼儿园教师也要兴趣广、爱探索，有精力、有感染力，兴奋而热情。因此，要想尊重、保护和发展幼儿的好奇心和学习兴趣，帮助幼儿逐步养成积极主动、敢于探究和尝试、乐于想象和创造的品格，幼儿园教师也要有活力和好奇心品格优势。只有这样才能够激发幼儿的参与热情和积极对话，在与幼儿园教师互动的保教活动中共同建构知识，进而获得发展和成长。如果教师在日常保教活动中表现平淡，没有活力和感染力，那么幼儿的参与性也不会太高，不会太热情和充满活力。教师的兴趣不广、懒于探索、不太爱探究新鲜事物，没有好奇心，那么幼儿的好奇心、兴趣也难以被激发。

（二）人性美德

人性美德是幼儿园教师自身潜在的品格与长期的保教实践交互作用中形成的积极师德情感。幼儿园教师的人性美德重点强调幼儿园教师在保教实践中关爱幼儿，尊重幼儿人格，富有爱心、责任心、耐心和细心，并给予幼儿精心的呵护和教育培养，综合表现为幼儿园教师的爱、善良、领导力、公平、希望五种品格优势。

　　其一，幼儿园教师要善良，要有一颗母爱之心。爱是人类对其自身以及所生存的世界的一种普遍关怀的思想情操和行为表现，它是知、情、意的统一，也是真、善、美的内在灵魂。幼儿由熟悉的家庭环境进入陌生的幼儿园环境，他（或她）们会把爱的索取对象从父母转移到幼儿园教师身上，比如在幼儿园经常会听到"老师妈妈""园长妈妈"这样的称呼。幼儿初次入园正是幼儿分离焦虑产生的一个重要时间节点，而且幼儿对幼儿园教师的行为举止又十分敏感，常会因为教师对自己的态度和行为而产生"老师喜欢我或讨厌我"的主观判断。因此，幼儿园教师一方面需要给予幼儿"母亲一样的爱"，像对待自己孩子一样给予幼儿无微不至的照顾和关心，这种爱无私、包容、细腻而贴心。另一方面，幼儿园教师对孩子们的爱却又不是纵容、不是溺爱，而是一种区别于母爱的专业之爱和理性之爱。唯有此，幼儿方可快速地适应幼儿园生活，才可建立健康、良好的师幼关系。

　　其二，善良与爱如影相随。善良是指人与人相处过程之中对人友好、与人为善、不怀恶意的品质。善良是在友善、良心的情感基础上自发地产生了无私的利他行为，是一种自愿自觉的利他行为。许多幼儿园教师都提及，幼儿园保教实质上是个良心活。幼儿身心发展迅速、可塑性强，幼儿园教师每天多付出一点，幼儿的成长就会快一些。反之，幼儿园教师每天放弃幼儿一点，则幼儿和其他孩子的差距就会越来越大。而且，3—6岁幼儿已经开始有自我意识，基本上能够按自己意志进行某种行为，但又自理能力较差、心智发展不太成熟，幼儿的思维和语言的发展水平还制约着师幼之间的沟通与交流。这就要求幼儿园教师要有同理心和童心，主动亲近幼儿，经常和幼儿一起游戏或活动。幼儿园教师要能够包容和接纳幼儿的行为表现，切实理解其行为、关爱其心灵，多从幼儿的角度、用儿童的语言与幼儿沟通和交流。在保教活动中，幼儿园教师需要尊重幼儿发展的个体差异，不能拿幼儿做横向比较，相反，应以发展的角度看待幼儿的行为，对于一些感受到委屈或有不良情绪的幼儿更应给予同情与关怀。例如，许多幼儿园教师都曾提到，多抱抱幼儿、多摸摸幼儿的头、多亲亲幼儿的脸等对幼儿情绪的安抚和建立良好的师幼关系十分重要。

其三，幼儿园教师要有领导力。领导力是指在各种社会系统中获得、保持、成功地执行管理职责的一整套动机、认知和气质，是善于鼓励、激发、协调团体成员完成任务的品质。❶ 在幼儿园里，幼儿常把幼儿园教师看作自己最亲密的伙伴，对老师十分崇拜和信任，也常把老师视为其成长的榜样。幼儿园教师的一言一行影响了幼儿经验的获取和行为习惯的发展，对幼儿产生潜移默化的影响和感染。要想在保教中激发和保护孩子们的想象力、好奇心，幼儿园教师自身的感召力、影响力和决策力十分重要。这就要求幼儿园教师有感召力、有影响力、有决策力，能够在师幼关系和保教情景中处于主导地位，能够

---

❶ THUN B，KELLOWAY E K. Virtuous leaders：Assessing character strengths in the workplace［J］. Canadian Journal of Administrative Sciences，2011（3）：270–283.

帮助班级或幼儿群体一致地、有效地、和谐地实现目标。❶并且，3—6岁的幼儿心智发展还不太成熟，幼儿园的一日生活中会有许多突发状况，幼儿之间也会经常发生矛盾等，这些都需要幼儿园教师妥善分析与思考，及时采取最有效的解决办法。总而言之，保教活动场域的创设、保教计划的安排与实施、突发性事件的认识与处理等都对幼儿园教师的领导力品格优势有较高的要求。

其四，人性美德还体现在幼儿园教师的公平与希望品格优势上。公平是指对待不同利益关系所表现出来的平等和正义，是指对人一视同仁，不偏待人的品质。3—6岁幼儿沿着相似的进程在发展，但每个幼儿的发展速度和到达某一水平的时间不完全相同。所以，幼儿园教师要充分理解和尊重幼儿在认知、情感与社会性能力发展上的独特性和差异性，在教育活动中给予每一个孩子与其能力相匹配的平等发展机会和资源，支持和引导他们从原有水平向更高水平发展。这就要求幼儿园教师对待每个孩子要平等和一视同仁，不因个人情绪而影响对幼儿的判断，给每位幼儿公平的发展机会，让每位幼儿都有机会平等地展示自己。而且，幼儿园教师不能有偏见之心，不能因个人感觉而带来偏见。有时候幼儿园教师可能会认为某些幼儿能够为班级带来更多更大荣誉而把较多的机会给了某些幼儿，但事实上其他幼儿也会因此失去平等表现和发展的机会。因此，幼儿园教师要充分尊重幼儿发展的个体差异，对每个幼儿一视同

❶ DANIEL T L, SHEK L Y. Character strengths and service leadership［J］. International Journal on Disability and Human Development，2015（4）：309–318.

仁，不偏待任何幼儿。希望是人对自己所渴望的积极结果的一种期待，是一种期待未来更美好，相信通过自己努力就会实现的品质，它代表一种对于未来的认知、情绪、动机的态度。幼儿期是为幼儿智能和人格奠定基础的重要时期，是人的一生中最富有可塑性的阶段。幼儿园教师对幼儿的影响指向未来发展，会影响幼儿未来智能和品格发展。因此，幼儿园教师要乐观、积极，能够看到幼儿问题的积极一面，能够在与幼儿的互动中发现美、欣赏美，与幼儿一起创造美，同时确定目标，采取切实可行的教育策略促进幼儿健康和有序发展。

（三）意志力美德

意志力美德是指人们为达到预定目标而自觉克服困难、扫清障碍、努力实现既定目标的一种美德，是解决问题中不可或缺的一个重要因素。幼儿园教师的意志力美德重点强调幼儿园教师在保教实践中面对困难的一种心理忍耐力，是幼儿园教师自愿自觉、自律自尊、不断进取的品格，综合表现为幼儿园教师的毅力、勇气、审慎、自制、信念和谦卑六项品格优势。

其一，幼儿园教师要有毅力与勇气。幼儿园教师的工作主要围绕幼儿一日活动周而复始。迎接幼儿入园意味着幼儿园一日活动的到来。保教工作包括照顾幼儿进餐、喝水、如厕，协助和引导幼儿脱衣、穿衣、洗漱、自由活动、集体活动、户外活动、游戏等。日复一日、烦琐而又复杂的保教工作有时会降低幼儿园教师的工作热情，容易引起幼儿园教师产生职业倦怠，而破解自身职业倦怠需要幼儿园教师有毅力。毅力是以个人的期望和目标为导向，能够使个人的行动更有可能坚持下去。这就启发了幼儿园教师在自己的教育行动中需要建立明确的目标，充分认识到自己在幼儿一日活动中的意义和价值，同时需要幼儿园教师有坚韧的毅力不断去克服困难、分析原因、总结经验和教训、寻求恰当解决问题的办法。

此外，幼儿园教师要有勇气。勇气的实践本身包含"为何勇气"及"如何勇气"的道德平衡反思，它是基于道德理性和实践智慧并经过审慎思考的道德判断。这种判断包括对风险的正确理解和评估，同时在正确评估这种风险之后要能够淡定地接受其行为的后果。当前幼儿园教师"师德一票否决制"对幼儿园教师的勇气构成很大威胁。部分幼儿园教师为防止自己触碰"雷区"而不为或少为。"害怕幼儿家长反映""害怕被领导约谈"等观念限制了幼儿园教师的教育行为，事实上幼儿一日活动中会有突发事件需要处理，有随机的教育机会需要幼儿园教师去捕捉。这就要求幼儿园教师在遭遇突发事件时要有勇气、坚持克服困难并果断地做出决策，采取恰当的教育策略和教育方法及时、快速地解决问题，以免错失教育良机。

其二，意志力美德还体现在教师要自制和审慎。自制是指人对自己的目标、思想、心理和行为进行管理，自己管理自己、自己约束自己、自己激励自己，最终实现自我奋斗目标的一个过程，是在面对短期、直接的需求与长期的目标和社会影响之间进行自我调节和自我约束的能力。❶幼儿园教师的工

---

❶ 赵敏，刘胜男.传统文化在教师评价中的现实表征及超越 [J].教师教育研究，2011（2）：49–54.

作内容兼有照料幼儿和教育幼儿双重职责，每天要兼顾多种任务、处理多起突发状况，幼儿园教师也会因此倍感压力，难免会产生不良情绪。但同时教育对象是年幼的孩子，孩子会因为教师的情绪而有不同的心理影响。所以，教师需要善于管理自己情绪、守规则和自律。面对问题，教师的首要任务是稳定自己情绪，蹲下来和孩子沟通交流，先安抚、后教育。正如《幼儿园教师专业标准（试行）》所要求的，"在幼儿保育和教育的态度与行为上，幼儿园教师要重视自身日常态度和言行对幼儿发展的重要影响与作用，在个人修养和行为上要善于调节自己情绪、保持平和心态"。

审慎是指为了长远目标而小心决策，仔细权衡行动和决策的后果，对生活有灵活的、适度的方式，努力在自己的各种目标之间保持平衡。❶ 审慎要求幼儿园教师在日常保教行为中要考虑周到、权衡利弊、决策慎重。《幼儿园教师专业标准（试行）》要求幼儿园教师要以"幼儿为本"，这就要求幼儿园教师在保教活动中首先要反思自己观察幼儿、与幼儿谈话等是否符合教育心理学的原理与方法，是否符合不同年龄幼儿身心发展特点和规律，是否能够促进幼儿全面发展。此外，在进行幼儿园环境创设、一日生活安排、游戏与活动、保育和班级管理活动中是否考虑到幼儿在发展水平、发展速度与品格优势领域等方面的个体差异，是否符合幼儿园教育的目标、任务、内容、要求和基本原则。游戏是幼儿园保教活动中的一种主要形式，幼儿园教师在开展游戏活动中要反思是否满足幼儿需求，是否

❶ 谢狂飞.美国品格教育研究［D］.上海：复旦大学，2012.

能够保护幼儿的好奇心，培养幼儿的想象力，发掘幼儿的兴趣爱好。此外，幼儿园教师在评价幼儿时要反思是否尊重了幼儿人格，评价是否客观、公正，通过自己的评价幼儿在现有基础上是否有所发展和进步。一言之，幼儿园教师在日常的保教活动中自始至终要考虑周到、权衡利弊、慎重决策。

其三，意志力美德还体现在幼儿园教师要有谦卑心态和教育信念。谦卑是指诚实面对自己的不足，不追求被特别关注的品质，它是学前教育从业者的一种态度。幼儿园教师谦卑的本质内涵是幼儿园教师对自己正确的内在认识和适度的自我评价。谦卑意味着幼儿园教师要虚心、承认自己的不足和接受批评。这就要求幼儿园教师有虚心求教的精神和合作意识，愿意以开放、包容、接纳的心态面对自身的不足。幼儿园教师应与主、副班教师密切合作、批评与自我批评，甚至与自己所在幼儿园的教师展开广泛的合作，通过团队合作获得心理上的支持、资源上的共享以及能力上的互补，进而保质保量地完成幼儿保教任务。此外，有时候幼儿园教师的经验的获得、品格的发展还得益于与幼儿的交互作用，所以谦卑还意味着幼儿园教师要放低自己身段，不要居高临下去塑造孩子，而应和孩子一起生活、向孩子们学习。只有这样才能理解幼儿和成人的差异，才能更好地引导和促进幼儿的全面发展。

信念是人生的动力，信念的动力让教师在追求教育成果的同时也追求超越结果之上的价值。❶《幼儿园教师专业标准（试

---

❶ DAMON W, MENON J, COTTON B. The Development of purpose during adolescence [J]. Applied Developmental Science, 2003（3）: 119–128.

行)》明确指出，幼儿园教师要理解幼儿园保教工作的意义，热爱学前教育事业，具有职业理想和敬业精神。这就要求幼儿园教师工作的动机不能仅仅停留在物质层面，而应该上升到热爱职业、恪尽职守的精神层面。幼儿园教师要坚信自己的平凡工作中蕴含着伟大，要坚信学前教育的价值，理解和认可它在幼儿全面发展中的基础性价值。唯有此，幼儿园教师方可高度认同自己职业，认同自己对幼儿身心健康发展的重要意义。此外，幼儿园教师还要理解和认同学前教育是一项有特殊社会价值的公共服务，认同自己保教工作的社会价值，获得职业成就感和职业幸福感，进而激发自己做好幼儿园保教工作的信心和热情。

第二节　幼儿园教师品格优势结构模型的验证

在幼儿园教师品格优势结构模型的理论建构中，编码分析难免会出现一定的主观性。为此，本研究依据混合研究法中的"主—辅混合设计"采用定量研究法对前期建构的理论模型进行结构方程模型验证，辅助幼儿园教师品格优势结构模型的建构。在"主—辅混合设计"中，一种研究方法得到的结果作为发展另一种研究方法的基础，为第二种研究方法设计合适的工具。❶由此，幼儿园教师品格优势结构模型的验证包括两个环

---

❶ 邓猛，潘剑芳. 论教育研究中的混合方法设计 [J]. 教育研究与实验，2002（3）：56–61.

节：（1）以前期的定性研究中获得的理论模型为基础编制幼儿园教师品格优势结构模型验证工具；（2）对前期的定性研究中获得的理论模型进行结构方程模型验证，考察理论模型的拟合程度。

一、幼儿园教师品格优势问卷的编制

测验编制包括三个环节：（1）编制初始测验并进行初次测试，结合项目分析结果对项目进行修改或删除；（2）将符合测量学属性的项目保留下来形成测验的修订版并进行再次测试，分析测验的测量学属性；（3）若测验的测量学属性达到要求，则形成测验的正式版本。

（一）问卷编制与测试

以幼儿园教师品格优势结构的理论模型中七十二个正向品格为依据编制试题。为保证所有正向品格都包含在问卷中，每个正向品格包含两道题，题目均为幼儿园教学、活动、班级管理、师幼互动、师幼关系等情景性语句。大部分题目经由访谈文本提炼而成，具有学前教育情景性。部分题目选自国内外品格测验，并被修改成符合学前教育情景的语句。《幼儿园教师品格优势问卷（初始版）》由指导语、个人信息和问卷主体三部分组成。指导语用以介绍测验内容、目的、答题方式。作答方式为利克特式五点量表，要求幼儿园教师判断自己和题目中陈述事实的符合程度（"非常不像我"到"非常像我"），分别计 1~5 分，得分越高表明品格优势水平越高。问卷主体由 144 道题目组成，题目随机排列。

在第一次问卷测试中，采用整群抽样方法，选取阿克苏、喀什、伊犁和乌鲁木齐市幼儿园 450 名幼儿园教师。其中阿克苏、喀什两地区为学前教育集团统一测试。在第一次测试中，共发放问卷 450 份，回收 450 份，回收率 100%。其中，女性 439 名，男性 11 名。回收测验中有效数据 446 份，有效率 99.1%。

采用题目得分与维度总分相关进行区分度分析。项目分析结果显示，144 道题目的区分度介于 0.40~0.79，测验题目的区分度都达到测量学要求，能够较好地区分幼儿园教师品格优势水平的高低。

（二）问卷修订与再测

以往研究结果表明，品格优势测验简版（一道题反映一项品格优势）的测量学属性也比较理想。考虑到正式问卷的简洁性，修订问卷时参考鲁赫等人（2011）的方法❶，从每个正向品格的 2 道题中选取区分度较大的 1 道题组成《幼儿园教师品格优势问卷（修订版）》。问卷包括 72 道题目，从"非常不像我"到"非常像我"，分别计 1~5 分，得分越高表明品格优势水平越高。

在第二次问卷测试中，采用整群抽样方法在乌鲁木齐市、

---

❶ 参见：HO S M Y, LI W L, DUAN W J, et al. A brief strengths scale for individuals with mental health issues [J]. Psychological Assessment，2016（2）：147–157.

昌吉、阿克苏、喀什、和田、塔城和伊犁幼儿园进行。考虑到学前教育环境的差异性，乌鲁木齐市、昌吉两地州主要选取城市幼儿园，而阿克苏、伊犁和哈密三地区主要选取城乡接合部或农村幼儿园。在第二次测试中，共发放问卷560份，回收532份，回收率95%。回收测验中有效数据521份（女性501名，男性20名），有效率97.9%。

1. 项目分析

项目分析结果表明，《幼儿园教师品格优势问卷（修订版）》中各题目得分与其所属维度总分的相关系数介于0.51~0.79（见表3–5），符合测量学要求，72道题目的区分度都比较理想。

2. 测验信度分析

以内部一致性系数作为测验信度指标进行测验信度分析。结果显示，《幼儿园教师品格优势问卷（修订版）》中智慧、人性和意志力三个维度的信度系数介于0.91~0.95（见表3–6），表明测验结果有较好的稳定性，测验信度比较理想。所以，此72道题目组成正式测验，作为品格优势结构理论模型的验证工具。

表3–5 幼儿园教师品格优势问卷项目区分度（N=560）

题项	区分度	题项	区分度	题项	区分度	题项	区分度
a1	0.69	a19	0.74	a37	0.64	a55	0.80
a2	0.72	a20	0.68	a38	0.70	a56	0.71
a3	0.63	a21	0.80	a39	0.77	a57	0.66
a4	0.66	a22	0.71	a40	0.76	a58	0.77
a5	0.67	a23	0.56	a41	0.72	a59	0.78

续表

题项	区分度	题项	区分度	题项	区分度	题项	区分度
a6	0.79	a24	0.75	a42	0.71	a60	0.72
a7	0.66	a25	0.71	a43	0.76	a61	0.75
a8	0.66	a26	0.74	a44	0.69	a62	0.78
a9	0.76	a27	0.74	a45	0.80	a63	0.69
a10	0.67	a28	0.71	a46	0.71	a64	0.72
a11	0.69	a29	0.70	a47	0.51	a65	0.67
a12	0.73	a30	0.70	a48	0.77	a66	0.78
a13	0.70	a31	0.74	a49	0.79	a67	0.71
a14	0.70	a32	0.61	a50	0.70	a68	0.74
a15	0.73	a33	0.71	a51	0.73	a69	0.76
a16	0.70	a34	0.73	a52	0.68	a70	0.75
a17	0.67	a35	0.71	a53	0.76	a71	0.54
a18	0.69	a36	0.70	a54	0.81	a72	0.70

表 3-6 幼儿园教师品格优势问卷信度系数

维度	题项数	内部一致性系数	题项
智慧	23	0.91	a1、a2、a3、a4、a5、a6、a7、a8、a9、a25、a26、a27、a28、a29、a30、a33、a49、a50、a51、a52、a53、a57
人性	24	0.95	a10、a11、a12、a13、a14、a15、a20、a34、a35、a36、a37、a38、a39、a44、a45、a46、a58、a59、a60、a61、a62、a63、a69、a70
意志力	25	0.94	a16、a17、a18、a19、a21、a22、a23、a24、a30、a31、a32、a40、a41、a42、a43、a47、a48、a54、a55、a56、a64、a65、a66、a67、a68、a71、a72

二、幼儿园教师品格优势结构模型的验证

（一）研究对象

采用整群抽样方法，在新疆维吾尔自治区 14 个地州市的城市、乡镇、城乡接合部以及乡村幼儿园进行第三次测试。在本次测试中共发放问卷 1800 份，收回 1671 份，回收率为 92.83%。回收测验中有效数据 1623 份，有效率 97.13%。其中，女性 1572 名，男性 51 名。

（二）结果与分析

采用主成分分析法和最优斜交转轴法对幼儿园教师品格优势结构进行探索性因素分析。参照侯杰泰等[1] 提出的四个标准进行降维：（1）题项在所有因素上负荷都很低，因子负荷值小于 0.40 的题项被剔除；（2）共同度小于 0.30 的题项被剔除；（3）同一个题项不能在 2 个或 2 个以上的因子上有较高的负荷（高于 0.30）；（4）只有 1~2 个题项的因子被剔除。题项删减原则是先删除在所有因子上负荷都很低的题项，然后是跨因子负荷量最大的题项，最后是少于 2 个题项的因子。若有题项删除，则重新进行探索性因素分析，直到题项不再删减，逐步探索出稳定的幼儿园教师品格优势结构。

探索性因素分析结果显示，KMO 值为 0.98，Bartletts 球

---

[1] 侯杰泰，温忠麟，成子娟.结构方程模型及其应用［M］.北京：教育科学出版社，2004.

形检验结果显著，χ^2（120）=11700，$P<0.001$，表明该问卷的项目适合进行探索性因素分析。经旋转，按照特征根 > 1 原则共抽取三个因子，累计方差解释率为 75.34%，表明智慧、人性、意志力三大美德和十六项品格优势能较好地解释幼儿园教师品格优势结构。各品格优势的因子结构和因子负荷见表 3-7。

表 3-7　幼儿园教师品格优势的因子结构和各品格优势的因子负荷

项目	智慧	人性	意志力
创造力	0.559		
活力	0.670		
思维	0.919		
好奇心	0.721		
反思力	0.609		
希望		0.910	
公平		0.892	
领导力		0.847	
善良		0.895	
爱		0.841	
毅力			0.741
勇气			0.919
审慎			0.616
自制			0.784
信念			0.758
谦卑			0.619

以往研究结果表明，二阶模型可以检验高阶因子是否确实解释了一阶因子之间关系的模式，而且二阶模型相对来说更简约，可以使复杂测量模型的解释更加简单。因此，本研究结合理论构想，建立三因子二阶模型，并采用 lisrel 8.7 软件进行验证性因素分析。结果显示，在幼儿园教师品格优势结构的模型拟合指数中，RMSEA 为 0.08、NNFI 为 0.98、CFI 为 0.99，表明幼儿园教师品格优势模型拟合良好、模型可靠（见图 3-1）。

总而言之，探索性因素分析和验证性因素分析结果都表明，包含独创、新奇、创意等七十二个正向品格，创造力、好奇心、反思力等十六项品格优势和智慧、人性和意志力三大美德的幼儿园教师品格优势结构模型是可靠的。

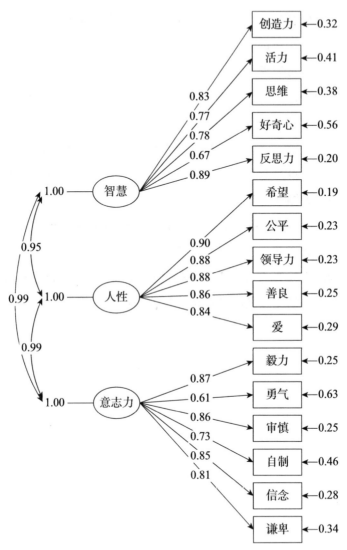

图 3-1　幼儿园教师品格优势验证性因素分析模型

第三节 幼儿园教师品格优势结构模型的特点

通过对幼儿园教师品格优势结构模型的理论建构和量化验证后发现，幼儿园教师品格优势结构包括智慧、人性和意志力三大美德，三大美德通过幼儿园教师的创造力、好奇心、反思力等十六项品格优势来实现，且幼儿园教师品格优势反映在七十二个正向品格的具体行为之中。但上述品格优势结构模型中三大美德之间究竟存在怎样的关系？该品格优势结构模型与其他教师品格优势结构有何差别？这些问题的回答需要对幼儿园教师品格优势结构特点进行分析。

一、以人性为中心，以智慧和意志力为支撑

为探明幼儿园教师品格优势结构中智慧、人性和意志力美德之间的关系，本研究在幼儿园教师品格优势结构模型的基础上进一步分析了幼儿园教师品格优势的分布。以往研究结果表明，标志性品格优势或 TOP（高水平）品格优势为品格优势评估得分中最高的 3~7 项品格优势，代表人们品格优势中最突出的、最频繁使用的品格优势。与其他品格优势相比较，标志性品格优势与人们的兴奋、满足和幸福相关更强，更能够促进人

们获得满足和事业上的成功。❶反之，在品格优势评估中得分最低的 3~7 项品格优势被归类为 BACK（低水平）品格优势，代表人们品格优势中不太频繁使用的品格优势，是人们品格优势识别和运用中较薄弱的品格优势。❷根据幼儿园教师各项品格优势水平的排序，排序靠前的五项品格优势分别为善良、公平、审慎、希望和爱，而排序靠后的五项品格优势分别为思维、勇气、好奇心、自制和活力（见表 3-8），突出了幼儿园教师品格优势结构的情感性特征。结果表明，幼儿园教师品格优势结构是以人性美德为中心，突出体现在幼儿园教师的善良、公平、审慎、希望和爱等品格优势上得分最高、使用最频繁。

表 3-8　幼儿园教师 TOP 和 BACK 品格优势

TOP品格优势	$M(SD)$	BACK品格优势	$M(SD)$
善良	4.07(0.56)	思维	2.80(0.48)
公平	4.03(0.53)	勇气	3.63(0.66)
审慎	4.02(0.53)	好奇心	3.74(0.58)
希望	4.02(0.54)	自制	3.82(0.62)
爱	3.96(0.57)	活力	3.82(0.60)

❶ PETERSON C, SELIGMAN M E P. Character strengths and virtues：A handbook and classification ［M］. New York：Oxford University Press，2004：67-71.

❷ SELIGMAN M E P, STEEN T A, PARK N, et al. Positive psychology progress：Empirical validation of interventions ［J］. American Psychologist，2005（5）：410-421.

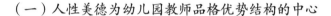

（一）人性美德为幼儿园教师品格优势结构的中心

第一，以人性美德为中心是由学前教育性质决定的。与中小学教育不同，幼儿教育兼具保育和教育功能。幼儿园教师面对的教育对象是年幼的儿童，幼儿身心发育尚未成熟，需要成人的精心呵护和照顾，因而幼儿园教师的工作除教育之外还有照料幼儿的属性。幼儿园教师的劳动常被誉为"爱的劳动"，幼儿园教师不但需要付出照料幼儿的体力劳动，作为一种有社会价值的服务性劳动，幼儿园教师在照料幼儿过程中还要付出自己最真挚的爱与关怀。学前教育中保教工作的情感性特征决定了幼儿园教师品格优势结构以人性为中心，并与其他教育工作者的品格优势结构区分开来。

第二，以人性美德为中心是幼儿园教师标准的客观要求。《幼儿园教师专业标准（试行）》在幼儿园师德方面要求幼儿园教师要关爱幼儿，尊重幼儿人格，富有爱心、责任心、耐心和细心。这是因为幼儿园教师的教育对象是身心发展迅速、可塑性强，但又容易受到伤害的幼儿，所以更需要师德高尚，具有良好的职业道德修养，富有爱心、责任心、耐心和细心的幼儿园教师。幼儿园教师要关爱幼儿，并给予幼儿精心的呵护和教育培养。

第三，以人性美德为中心也是幼儿园教师自身发展的需求。关爱幼儿、重视幼儿身心健康、将保护幼儿生命安全放在首位是幼儿园教师保教工作的基本要求，这就要求幼儿园教师要发展自身善良和爱等品格优势。幼儿园教师在保教工作中要尊重幼儿人格、维护幼儿合法权益、平等对待每一位幼儿，所以幼儿园教师要有公平品格优势。幼儿园教师要在保教工作中做到不讽刺、不挖苦和不歧视幼儿，不体罚或不变相体罚幼儿，要求幼儿园教师要发展自身审慎品格优势。幼儿园教师在保教工作中要信任幼儿，尊重个体差异，主动了解和满足有益于幼儿身心发展的不同需求，这就要求幼儿园教师要从积极视角看待孩子们的问题，对孩子们未来发展充满希望。所以，善良、公平、审慎、希望、爱等人性方面品格优势也是幼儿园教师自身发展的需求。

（二）智慧和意志力美德是人性美德的支撑

第一，幼儿园教师人性美德的实现离不开智慧美德的支撑。智慧美德的支撑主要体现在以下两方面：其一，幼儿教育工作的特性要求幼儿园教师要有更多的智慧。保教是幼儿园教师的主要职责，除了精心呵护和照料幼儿之外还有科学教育的职责，但3—6岁幼儿身心尚未发展成熟，其学习是以直接经验为基础，通常在游戏和幼儿一日活动中进行，所以对幼儿的教育具有随机性。因此，幼儿园教师如何合理安排一日生活、如何创设有利的教育环境，在保教过程中如何精准地抓住教育契机对幼儿进行随机教育需要幼儿园教师有更多的智慧。其二，幼儿身心发展特点要求幼儿园教师要有更多的智慧。3—6岁幼儿的思维活跃、想象力丰富、对事物十分好奇，幼儿园教师在保护幼儿的想象力、好奇心的同时又需要建立班级常规、培养幼儿的良好行为习惯。保护幼儿想象力、好奇心，让幼儿养成积极学习品质需要幼儿园教师与幼儿建立亲密的师幼关系，用欣赏的态度对待幼儿，去发现美、欣赏美以及与幼儿一起创造美，但又不宜过度保护，以免影响幼儿的主动性、独立性的发展。如何在保护与教育之间取得平衡需要幼儿园教师有更多的智慧。

第二，幼儿园教师人性美德的实现还离不开意志力美德的保障。幼儿园教师每天在幼儿一日活动中要兼顾多种任务、处理多起突发状况，在工作之外还要处理幼儿园教师与幼儿家长复杂的互动关系。工作强度之大、工作的复杂性都要求幼儿园教师有毅力、有勇气、守规则和自律，而这些要求都离不开幼儿园教师意志力的支撑。总而言之，人性是幼儿园教师品格优势结构的中心，也是幼儿园教师最重要、最常运用的美德，但人性美德的实现又离不开智慧和意志力美德的支撑。唯有三种美德相互结合、融为一体才能有效地发挥幼儿园教师品格优势对提升幼儿园教师德性的基础性价值。

二、幼儿园教师品格优势结构的职业特殊性

幼儿园教师品格优势的三维、十六项品格优势结构模型进一步证实了品格优势是一个多维结构模型。它既有垂直层次上的分类，也有水平层次上的分类。在垂直层次上，范围从大到小分别包括美德、品格优势和正向品格。在水平层次上，每一个垂直层次又细分出若干水平层次。但与国内外教师品格优势结构相比，幼儿园教师品格优势结构有其特殊性。其特殊

性除品格优势之间关系不同之外，与其他教师品格优势结构相比较，幼儿园教师品格优势结构是一个相对简单的三维结构模型，而且品格优势分布也不完全相同。

第一，美德包含的具体品格优势不同。在智慧美德上，中国教师的智慧美德包括兴趣和创造力、智慧、多角度看问题及热爱学习四项品格优势，而幼儿园教师的智慧美德包括创造力、活力、思维、好奇心和反思力五项品格优势，与其他学段的教师相比较，幼儿园教师在活力、好奇心和反思力三项品格优势上要求更高。《幼儿园教师专业标准（试行）》中明确提出，幼儿园教师要注重保护幼儿的好奇心、培养幼儿的想象力、发掘幼儿的兴趣爱好。而3—6岁幼儿又对幼儿园教师的行为非常敏感、喜欢模仿，所以要想保护和培养幼儿的好奇心、培养幼儿的想象力、发掘幼儿的兴趣爱好，那么幼儿园教师首先要对新鲜事物充满好奇，自己本身活泼开朗、热情而有活力。如果老师平时就很严肃、很有规则，那么孩子们也会跟着紧张、焦虑、着急、缺乏活力。此外，幼儿教育保教结合的特点要求幼儿园教师能够科学合理地安排幼儿一日活动的各个环节，将教育灵活地渗透到幼儿一日活动中，所以幼儿园教师需要在保教活动中吃透幼儿的生长点，能够及时了解孩子们的真实想法，睿智地、敏锐地洞察到孩子们不同阶段的发展需求，同时又能够理性反思自己的保教行为。

在人性美德上，中小学教师的人性美德包括爱与被爱、友善、社交智力三项品格优势；而幼儿园教师的人性美德包括希望、公平、领导力、善良和爱五项品格优势，与其他学段的教师相比较，幼儿园教师在希望和公平两项品格优势上要求更高。3—6 岁幼儿沿着相似的进程在发展，但每个幼儿的发展速度和到达某一水平的时间不同。所以幼儿园教师要充分理解和尊重幼儿发展上的差异性，在日常保教活动中给予每一个孩子与其能力相匹配的平等机会和资源，支持和引导他们从原有水平向更高水平发展，让每位幼儿都有机会平等地展示自己。同时，幼儿园教师对幼儿的影响指向未来发展，会影响幼儿未来智能和品格发展，因此幼儿园教师要乐观、积极，能够看到幼儿问题积极的一面，能够在与幼儿的互动中发现美、欣赏美，与幼儿一起创造美。

第二，品格优势包含的具体正向品格不同。幼儿园教师品格优势结构的职业特殊性不仅体现在每项美德包含的具体品格优势不同，而且每项品格优势包含的正向品格也不完全相同。在"善良"品格优势中，VIA–CS 结构模型中的"善良"具体表现为慷慨、关心、同情、利他四项正向品格，而幼儿园教师的"善良"具体体现在同情心、责任心、利他、童心和同理心五项正向品格上。又如，VIA–CS 结构模型中的"爱"具体表现为爱、被爱、珍视亲密关系三项正向品格，而幼儿园教师的"爱"具体体现在有爱心、被爱、关心、耐心等正向品格上。该研究结果表明，不同文化、不同职业、职业发展不同阶段（如中小学教师、幼儿园教师）品格优势结构不完全相同。

第三，幼儿园教师的品格优势分布也不同。中学教师品格优势水平从高到低依次为超越、公正、人性、节制、勇气和智慧，而小学教师品格优势水平从高到低依次为超越、人性、节制、公正、勇气和智慧。❶ 上述研究结果表明，"超越"是中国大部分阶段教师最重要的美德，而且对于中学教师而言，"公正"比"人性"和"节制"重要，而对于小学教师来说，"人性"和"节制"比"公正"更重要。但本研究发现，幼儿园教师品格优势水平最高的五项品格优势分别为善良、公平、审慎、希望和爱，反映出幼儿园教师品格优势结构的情感性特征。

---

❶ 葛明荣，王晓静，梁建芹．初中班主任积极心理品质调查分析 [J]．中国教育学刊，2012（8）：72-76；梁建芹．小学班主任积极心理品质培养对策研究 [D]．烟台：鲁东大学，2012.

第四章　影响幼儿园教师品格优势发展的生态环境

幼儿园教师品格优势结构模型的构建明晰了幼儿园教师的三大美德、十六项品格优势以及这些品格优势之间的关系，为探明幼儿园教师品格优势发展机制奠定了基础。本章在此基础上运用生态学本体论和方法论思想探明幼儿园教师品格优势生态化发展机制。依据人类发展生态学原理，幼儿园教师品格优势发展有人类发展所具有的情景性，也是幼儿园教师与外部环境交互作用的结果，因此幼儿园教师品格优势发展机制需要厘清影响品格优势发展的外部环境因素以及幼儿园教师与外部环境如何耦合和交互两个关键问题。本章旨在探明影响幼儿园教师品格优势发展的外部环境，为下一章探究品格优势发展中幼儿园教师与外部环境如何交互作用奠定基础。为此，本研究首先以扎根理论为基础，通过对14名幼儿园教师的访谈文本进行主题分类、形成类属，在类属分析的基础上确定影响幼儿园教师品格优势发展的生态环境系统。然后依据该系统编制测验并进行结构方程模型验证，最终确定影响幼儿园教师品格优势发展的生态环境系统。

第一节　幼儿园教师品格优势发展生态环境系统的建构

访谈对象来自喀什、阿克苏、塔城（各 2 所）及乌鲁木齐市（1 所）共 7 所幼儿园的 14 名幼儿园教师（8 名城市幼儿园教师，6 名农村幼儿园教师）。其中，喀什、阿克苏和塔城分别有 1 所城市幼儿园和 1 所农村幼儿园，每所幼儿园选取 2 名教师。采取一对一的访谈形式，每名受访者的访谈时间约为 90 分钟，访谈全程录音。14 名受访者参与访谈并获得一定报酬，访谈由研究者本人独自完成，历时 3 周。访谈过程包含两部分：（1）介绍访谈目的、解释核心概念"品格优势"和"生态环境"；（2）正式访谈。正式访谈中访谈者尽可能帮助受访者回忆和表达有关"品格优势"最真实的事例和影响因素。具体的访谈问题如下：对您品格形成和发展有直接影响的环境因素有哪些？为何对您有影响？这些环境因素之间的关系（将第一个问题回答的环境因素进行组合后分别提示）对您品格形成和发展分别有何影响？对您品格形成和发展有间接影响的环境因素有哪些？为何对您有影响？政治、经济和社会文化对您品格形成和发展有何影响？

将每名受访者的访谈录音进行逐词逐句转录和整理，并赋予每个受访者的文本资料编号，如 N–01。首字母表示城市

（C）/ 农村（N），数字表示受访者编号。数据处理分三部分完成。（1）主题分类。根据受访者叙述内容的主题进行分段标记和主题提取。（2）形成类属。由内及外分为微观系统、中间系统、外在系统和宏观系统四大类属。（3）类属分析。把 14 个访谈文本中相同类属的文本组合在一起形成一个新文本，通过类属分析概括和总结出影响幼儿园教师品格优势发展的外部生态环境。类属分析采用深度描述的方式，在类属分析形成的主题下面穿插一些故事片段和轮廓分析，丰满主题的内涵。

一、影响幼儿园教师品格优势发展的环境因素

（一）直接影响品格优势发展的微观系统

微观系统涉及的环境是人们所知觉到的、所理解的、面对面的环境，它对人的行为和发展有直接影响。[1] 通过访谈资料的分析发现，影响幼儿园教师品格优势发展的微观系统包括幼儿园教师的家庭、幼儿、幼儿家长、幼儿园同事以及幼儿园五个环境因子。

1. 家庭

首先，家庭影响幼儿园教师品格优势发展的物质和精神基础。家庭是人发展的首属群体（primary group），它对人的发展有基础性作用，为幼儿园教师品格优势发展提供物质基础和感情上的依赖。一方面，良好的物质基础和精神支持对幼儿园教

---

[1] BRONFENBRENNER U. The ecology of human development: Periments by nature and design [M]. Cambridge, MA：Harvard University Press，1979：3-4.

师品格优势发展有促进作用。

孩子出生后，婆婆和公公帮我们照料孩子。两个老人把家庭照顾得井井有条，几乎不需要我分担家务。对于家务活，丈夫对我没有任何要求。他知道这几年我工作压力大，所以他尽可能抽出时间来照顾家庭。（C-02）

父母、丈夫对孩子的照顾和家务的分担为该教师品格优势发展奠定了物质基础，她有更多时间和精力投入到幼儿园的保教工作中。

婆婆和公公都非常支持和理解我的工作，从不抱怨我对家庭的付出比较少。丈夫对我的工作也很理解。这些年我们两个相互理解、相互支持、相互信任。（C-02）

父母、丈夫对她工作的支持和理解是其精神上的依赖。有了物质基础和感情上的依赖，她能以很好的精神状态投入到幼儿园的保教工作中，对孩子们付出关心和爱，并在师幼互动中产生积极体验。反过来，积极体验也拓展了她的注意、认知和行动范围，从而有更多资源来维持良好的保教行为，其品格优势也得到持续发展。

另一方面，缺少家庭在物质和精神上的支持会在一定程度上阻碍幼儿园教师品格优势发展。

家里老人身体都不太好，丈夫是警察也特别忙。孩子一岁后我就自己一个人带。没有家人的帮助，抚养一个小孩成长真的很难。这些年来，孩子跟着我加班、饿肚子是常事。（C-09）

缺少父母和丈夫对孩子的照顾以及家务的分担，她在家里要当好妻子和孩子的母亲，在幼儿园要履行人民教师职责，她感觉要做好母亲和教师两个角色，并能够很好地转换角色真的很难。这会给她带来较大的精神压力和消极体验，进而阻碍该教师品格优势发展。

有时候孩子闹腾，自己也会有无名的恼火，发脾气、烦心也不少见。这种压力和情绪说没有被带到幼儿园也是虚假的，对自己的发展没有影响也不太可能。（C-09）

缺乏物质和感情上的依赖，让她感到较大的生活压力和精神负荷，而压力和精神负荷又反过来成为她品格优势发展的阻碍。

"家庭—工作"冲突在幼儿园教师群体中并不少见。一方面，幼儿园保育任务重，幼儿园教师需要付出较多时间和精力、较多情感资源来满足幼儿园保教工作的高要求，从而导致工作干扰家庭生活；另一方面，大多数幼儿园教师为女性，过重的家庭角色要求也会耗用她们很多资源，有时甚至还需占用部分上班时间处理家庭事务，从而导致家庭干扰工作。长期的

"家庭—工作"冲突会使幼儿园教师身心疲惫并产生消极情绪体验，从而阻碍幼儿园教师品格优势发展。所以，处理好家庭和工作的关系对幼儿园教师品格优势发展十分重要，它是促进或阻碍幼儿园教师品格优势发展的一个重要环境因素。

其次，幼儿园教师品格优势也会受到家人品格的熏陶。

父亲身体不太好，家里重担都压在母亲身上。我是家里老大，从小会帮母亲分担一些事情，因此吃苦耐劳、善良、爱是我从小就形成的品格。这些品格能够很容易地迁移到我后来的学前教育实践中。（N-04）

同时，幼儿园教师对已经形成的品格也会有比较深刻的反思。

当然，正是由于小时候家境不太好，我性格深处有一些自卑，不太相信自己能做好一件事。但是，这些品格上的缺陷在后面工作中也会让我不断反思。我在工作中会比较谨慎，为人比较谦卑，比较自律、守规则，情绪也没有大起大落。（N-04）

总之，家庭是影响幼儿园教师品格优势发展的一个重要环境因素。一方面，父母品格的熏陶、家庭背景等因素塑造了幼儿园教师的一些品格；另一方面，幼儿园教师品格也在实践中不断发展，会受到家庭与幼儿园工作平衡的影响。家庭物质和

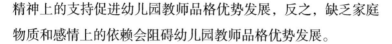

精神上的支持促进幼儿园教师品格优势发展，反之，缺乏家庭物质和感情上的依赖会阻碍幼儿园教师品格优势发展。

2. 幼儿

幼儿是影响幼儿园教师品格优势发展的又一个重要环境因素。幼儿园教师在工作中接触最频繁、接触时间最长的是幼儿，幼儿园教师和幼儿在师幼互动中实现双方共同成长。一方面，幼儿园教师需要创设合理、丰富的师幼互动环境，在随机教育中实现幼儿教育目标，这就要求幼儿园教师要有较高的智慧美德。幼儿园教师的工作兼具保育和教育双重职责，这就要求幼儿园教师要像孩子母亲一样爱孩子、善待孩子，像母亲一样真诚地与孩子们互动和对孩子们的行为做出积极回应，发现孩子们的美、欣赏孩子们的美，这些都需要幼儿园教师要有爱、善良、耐心、关心等人性美德。此外，幼儿园教师的保教工作日复一日、复杂而烦琐，所以幼儿园教师还需要有较强的意志力美德。另一方面，幼儿园教师在保教中形成的良好师幼关系也会促进幼儿园教师品格优势发展。幼儿园教师对幼儿的付出得到幼儿的认可，师幼关系更亲密。反过来，这种亲密关系让幼儿园教师感到自己的付出有价值，也会在今后幼儿园保教实践中更愿意付出，进而推动其品格优势发展。

　　爱是相互的，你对孩子们付出了也会得到孩子们的认可和爱。有一次，我感冒了，精神状态不好。晨间活动时，XX问我："老师，你今天怎么不高兴啊？"我回答说："没有啊……"话还没说完，忍不住打了个喷嚏，泪水充满了眼眶。这时候其他孩子也都围了过来问："老师你怎么哭了？我们惹你生气了吗？"我说："老师没哭，老师只是感冒了。"下午上课时，嗓子已经沙哑发不出声音，鼻涕一直流个不停，大脑昏昏沉沉，其实已经没有多少精力再去管班里孩子的纪律。可小朋友们很兴奋，一直叽叽喳喳地说个不停。这时候，XX 站起来大声说："嘘，大家不要再大声说话了，老师感冒了很难受，我们自己画会儿画，让老师休息一会儿吧。"教室里立刻安静了下来。此时此刻，我的眼里有一股热热的东西在打转，收获的是一份浓浓的爱。（N-11）

在访谈中类似事例举不胜举。

有一次放学时，班里有五位孩子的家长还没来。我一个人在等，腿酸得厉害，实在熬不住了就顺势蹲了下去。这时候XX搬来了一个椅子让我坐下。然后其他孩子也围过来帮我捶背，这场景着实让人感动。想想平时自己对孩子们那么凶，可孩子们呢……反思之余，自己也会对孩子们有更多的付出。（N-08）

幼儿的学习是在游戏和日常生活中进行的，是以直接经验为基础，幼儿园教师需要创设丰富的教育环境、科学合理安排和参与幼儿一日活动。幼儿教育的特殊性既对幼儿园教师的智慧美德、人性美德和意志力美德提出一定要求，也为幼儿园教师品格优势提供了发展机会。幼儿园教师在与幼儿的互动交往中建立起亲密的师幼关系，幼儿获得健康成长等又都反过来成为幼儿园教师品格优势发展的强大动力，推动幼儿园教师品格优势的持续发展。

3.幼儿家长

幼儿园教师除了在幼儿园有保教职责，还肩负与幼儿家长沟通合作、形成教育合力共同促进幼儿成长的义务。[1]虽然幼儿园教师是幼儿发展的主要责任体，但家长对幼儿园教师保教工作的理解、支持和配合也十分重要。[2]幼儿家长对幼儿园教师工作的认可、支持和理解有助于教师品格优势发展。反之，幼儿家长对幼儿园教师工作的不认可、不理解和不支持在一定程度上会影响幼儿园教师的态度和情感，阻碍幼儿园教师品格优势发展。

记得2013年带学前班的时候，有一次配班老师在纠正一个孩子的写字姿势，说话时可能严厉了一些，恰好被接孩子的母亲看见了。后来放学时家长把配班老师狠狠说了一顿。当时配班老师是个毕业不久的小姑娘，心理非常委屈，言语中也流露出灰心、失望等情绪，这对于一个步入学前教育不久的年轻老师的发展来说十分不利。我一边开导配班老师，一边着手解决问题。经过一次长谈，孩子的母亲理解了教师行为并道歉，配班老师受这件事情的影响就比较小。在教育中难免会出现不

---

❶ 王鑫，张卫国.教育生态学视阈下的教师发展研究［J］.教育理论与实践，2015（19）：40–43.

❷ 苏启敏.为责任而教：教师专业责任的概念澄清与边界划定［J］.教师教育研究，2017（4）：13–19，23.

配合的家长，也难免出现对教师的伤害而影响教师发展，关键在于如何去处理问题。（C-13）

4.幼儿园同事

一般而言，幼儿园教师在职业成长初期会与一名有经验的幼儿园教师搭班教学，有一定经验之后也会成为其他初任幼儿园教师的"师傅"。这种正式或非正式的"师徒结对"促进了幼儿园教师之间频繁的人际交往。幼儿园教师在人际交往中相互影响、相互促进。

我刚入幼儿园时，幼儿园只有我一位汉族教师，主班老师对我帮助很大。在学前教育上，她常给我分析班里面每个幼儿的特点，指导我如何与幼儿相处，如何在学前教育中付出自己的爱心、耐心、关心和细心。在生活上，她也常常帮助我翻译，教我学习一些简单的维吾尔语词汇，才使我能够很快就融入幼儿园生活。（N-07）

一方面，幼儿园教师品格优势发展会得到幼儿园同事的引领；另一方面，幼儿园教师在品格优势发展过程中为师亦为徒。在访谈中，有教师回忆在带徒弟过程中也受到徒弟的影响。

配班老师的精气神比我强，有竞争意识，有正义感，遇事比较乐观，她的这些品格也影响了我。（C-14）

5. 幼儿园

幼儿园是幼儿园教师品格优势发展的最基本环境，幼儿园文化建设对幼儿园教师品格优势发展有举足轻重的作用，不仅指引着教师品格优势的发展方向，也督促和培养幼儿园教师品格优势。幼儿园文化通常包括精神文化、制度文化、物质文化和行为文化四方面。第一，优良的幼儿园精神文化有利于幼儿园教师增强职业认同和树立职业理想，从而自觉自愿地发展自身品格优势。例如，幼儿园积极进取的工作作风、互帮互助的工作氛围可以调动幼儿园教师的积极主动性，有助于幼儿园教师产生积极体验，进而促进其品格优势发展。第二，规范的幼儿园制度文化有利于保障幼儿园教师培训、进修、晋升等各项权利的实现。幼儿园教师的基本权利得到保证后，才能强化幼儿园教师的师德自觉意识，激发幼儿园教师的工作热情，充分调动幼儿园教师的智慧和创造力。同时，幼儿园的人性化管理又能够满足幼儿园教师基本心理需求、产生积极体验，从而促进其品格优势发展。❶ 而积极体验又会帮助幼儿园教师拓展其认知和行为范围，从而更好地应对困境、产生积极体验。幼儿园教师品格优势在一种"螺旋式"上升过程中获得发展。❷ 第三，和谐的幼儿园物质文化能为幼儿园教师品格优势发展提供

❶ CHIRKOV V, KIM Y, KAPLAN U. Differentiating autonomy from individualism and independence：A self-determination theory perspective on internalization of cultural orientations and well-being [J]. Journal of Personality and Social Psychology，2003（1）：97–110.

❷ 高正亮，童辉杰. 积极情绪的作用：拓展 – 建构理论 [J]. 中国健康心理学杂志，2010（2）：246–249.

良好的物质基础。例如，和谐、稳定、安全的园所环境能给幼儿园教师带来空间上的舒适感，让幼儿园教师在自然环境中产生积极体验，进而促进其品格优势发展。幼儿园为教师提供阅览室、资料室、多媒体设备等能够满足教师学习需求，能够让幼儿园教师品格优势在学习中发展。幼儿园为教师和幼儿家长搭建交流平台，促进家园共育，能够让幼儿园教师品格优势在合作中发展。第四，在新课程改革背景下，幼儿园教师是幼儿学习的帮助者、合作者、倾听者和引导者。幼儿园教师在各种角色的转换中学会理解、接纳、宽容，学会感受美、欣赏美和创造美，事实上这些都是幼儿园教师自身品格优势的发展。

（二）涉及环境之间关系的中间系统

人类发展生态学理论既强调影响人类发展的各子系统的作用，也认为各子系统之间彼此的潜在交互关系对人的发展十分有益。中间系统是指包括发展中的人在内的两个或多个环境之间的联系。影响幼儿园教师品格优势发展的主要中间系统包括师幼关系、亲师关系和家园关系三个环境因子。

1. 师幼关系

师幼关系是幼儿园中一种最基本的人际关系，它是指幼儿园教师与幼儿在师幼互动中建立起来的一种相对稳定、持久的人际关系。[1] 师幼关系作为一种无形的环境因素影响幼儿园教师品格优势发展。在平等、真诚的师幼互动中，幼儿园教师通过对话和理解性交往不断建构起自己与幼儿的关系。良好的师

---

[1] 叶子，庞丽娟.师生互动研究述评［J］.学前教育研究，2009（3）：44-48.

幼关系能够为幼儿园教师和幼儿双方带来积极体验，进而促使幼儿园教师和幼儿两方在心理上协调一致、相互接纳、彼此信任，形成积极的情感联结。

孩子就是我们的一面镜子，你在镜子里怎样表现，孩子就用自己的行为来回报。有时我们不经意的一句话、一个动作，都会成为孩子们模仿的对象，并在他们的行为中反映出来。我们对孩子们关心，孩子们就会反过来关心我们，有好东西与我们分享，体会我们的辛劳，有时候还会问寒问暖。这会让老师们感动，也会让老师们有动力在今后工作中付出更多的爱和关怀。（C-13）

这种积极的情感联结有助于坚定幼儿园教师的积极教育理念，在积极教育过程中幼儿园教师品格优势获得发展，其职业认同感和幸福感也可以获得提升。

当然，不良的师幼关系在当前幼儿教育中也会存在。冯婉桢等调查发现，北京 11 所幼儿园 125 名幼儿园教师中"亲密型"（高亲密、低冲突）师幼关系仅占 21.6%，而"疏离型"师幼关系却占 48%，"疏离型"是当前最典型的师幼关系类型。❶ "疏离型"师幼关系表现为师幼之间低亲密和低冲突特征。这反映出当前一部分幼儿园教师害怕与幼儿冲突，担心师德一票否决。幼儿园教师被动遵守管理规定和管理制度，但是不作

---

❶ 冯婉桢，蒋杭柯，洪潇楠.师幼关系类型及其影响因素分析［J］.学前教育研究，2018（9）：50-59.

为。师幼关系已经严重影响幼儿园教师的德性发展。

2. 亲师关系

在访谈中幼儿园教师提及最多的是做幼儿家长的工作。幼儿园教师在与幼儿家长的交往过程中形成亲师关系。亲师关系是幼儿教育中一种重要的人伦关系，它是指在家园互动中产生的幼儿园教师和幼儿家长之间的关系。在良好的亲师关系中，幼儿家长会对幼儿园教师的工作给予认同和积极配合，幼儿园教师不需要投入额外努力便会建立与幼儿家长的信任关系，幼儿园教师与幼儿家长能够形成教育合力，协同促进幼儿发展。同时，幼儿园教师也能够投入更多资源到保教活动中并发展自己。

反之，亲师关系处理不好会导致亲师矛盾。亲师矛盾是指幼儿园教师在与幼儿家长互动过程中出现的认知或行为上的冲突，导致幼儿园教师与幼儿家长出现沟通危机，对幼儿评价不对等以及责任偏离的现象。❶

有一次，我让每组的小组长监督小朋友们坐好，小组长拽了下 XX 小朋友衣服提醒她坐好。XX 不乐意，上手就打了小组长。确实是 XX 的不对，于是我让 XX 向小组长道歉。XX 家长得知后很生气，认为自己女儿当着那么多孩子的面给小组长道歉伤了孩子自尊心，并要求小组长给她女儿道歉。尽管我一再解释，我们都很疼爱孩子，但最终家长还是去找园长并替

---

❶ 秦旭芳，张蕊，吕冰霞. 家园关系中"亲师矛盾"的特点透析及消解策略［J］. 陕西学前师范学院学报，2018（7）：14-26.

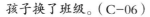

孩子换了班级。(C-06)

看似十分平常的一次保教活动,但这件事对这位幼儿园教师产生了不利影响。在访谈中该教师谈到,自己的付出和专业身份没有得到应有的尊重。尤其是幼儿园过度袒护幼儿家长,为平息家长怒火而选择让幼儿园教师委曲求全,这让该教师产生认知冲突。访谈中也能感觉到该教师在后面的保教活动中比较消极,该说的说、该管的管,不了解责任边界的不了了之。不难发现,该事件中幼儿家长的过度介入保教活动、幼儿园管理者对"亲师矛盾"的不合理解决让该教师感觉自己无法满足复杂多样的社会期待,从而形成一种自我否定。这对幼儿园教师道德发展,尤其是对幼儿园教师品格优势成长带来十分不利的影响。

3. 家园关系

家园关系是指幼儿园与幼儿家长围绕幼儿保教问题建立起来的一种联系。幼儿家庭和幼儿园是幼儿教育过程中最重要的两大环境,二者的紧密联系与支持将直接影响师幼关系和亲师关系,进而影响幼儿园教师保教工作的成效,也影响到幼儿园教师的成长。通过家长会、家长开放日、不定期举办亲子活动等方式,幼儿家长可以参与到幼儿园保教活动中来,真正了解幼儿在幼儿园学习和生活的真实状况,了解幼儿园教师的工作性质,了解幼儿园教育理念及文化氛围,增加幼儿家长对幼儿园教师工作的信任,帮助幼儿家长和幼儿园教师更好地交流与合作。幼儿家长在了解自己孩子在幼儿园的真实状况、幼儿教师的工作性质、幼儿园教育理念及文化氛围之后也会减少自己的顾虑和担忧，增加对幼儿园教师工作的理解与支持，更好地配合幼儿园教师做好孩子的保教工作、巩固幼儿园教师的保教成果。良好的家园关系又反过来促进幼儿园教师产生积极情感，影响幼儿园教师品格优势的识别与运用。

班里有一位小朋友胆小、心理承受能力较差，时时处处比较小心。幼儿园教师经过家访了解到，幼儿家长对孩子表现没有正面积极教育，而是一味地用"她胆小""她什么也不敢"来评价孩子，使孩子不自觉地形成了思维定式——我不敢。久而久之，孩子怯懦、畏缩的性格也就形成了。后来通过家园联手——在幼儿园，我用多种教育方式加以引导和教育；在家里，家长多鼓励和表扬——小朋友逐渐走出封闭的自我，消除怯懦心理，融入集体，变得勇敢起来。幼儿园教师每周教育孩子五天，而家长却可以在不经意中将幼儿园教师的努力化为泡影，所以在教育过程中我深刻地体会到加强家园联系、与家长多交流与沟通的重要性。而且，从中我也获得了成长，也坚定了自己的教育理念和信心，也更加懂得幼儿园教师的爱、善良、公平、希望、耐心在幼儿成长中的关键作用。（C-05）

现实中，很多幼儿家长会认为幼儿园教师的工作内容无外乎照顾幼儿生活、教会幼儿某种本领，而事实上幼儿园教师这份"很美""很单纯"的职业却在很多方面透支着幼儿园教师的身心能量。做教具、写活动方案、集体备课、各种评估、公开教学、与家长进行各种形式的沟通、制作幼儿成长档案、处理各种突发事件等透支了幼儿园教师大量的体力劳动、脑力劳动和情绪劳动。超负荷的体力、脑力和情绪劳动让幼儿园教师无暇发现美好、体验幸福和发展自身品格优势。甚至，职业道德意识较弱的教师还有可能把压力转变为对幼儿的怒气、体罚和变相体罚，这就会形成一种恶性循环，不利于家园沟通、家园关系的健康发展，更是无法形成教育合力。事实上幼儿园不是育人的唯一场所，幼儿园教师也不是育人的唯一责任人。从育人的全过程看，育人是幼儿园教师、幼儿园和幼儿家长合力的结果。因此，通过家园联系、家园合作可促进幼儿园与幼儿家长的良好沟通，让幼儿家长明晰自己的养育责任，明白幼儿园教师不是幼儿发展的唯一责任人，形成教师育人、家长育人、幼儿园育人的生态育人格局。这种生态育人的教育格局有利于解放幼儿园教师，让幼儿园教师在与孩子们互动中发现美好、体验幸福，进而更好地促进自身品格优势的发展。

（三）间接影响幼儿园教师品格优势发展的外在系统

外在系统是指发展主体虽然没有直接参与，但却影响其发展的一个或者多个环境。[1]幼儿园的性质、幼儿园在同行中的地位影响幼儿园教师的活动范围、处事方式、承担的社会角色以及建立的人际关系。教育管理部门和大众媒体也是影响幼儿园教师品格优势发展的重要外部生态系统。

---

[1] BRONFENBRENNER U. The ecology of human development: Periments by nature and design [M]. Cambridge, MA: Harvard University Press, 1979: 18.

1.幼儿园的地位和性质

有研究发现，一级幼儿园中幼儿园教师与幼儿的亲密度总体上优于二级幼儿园，公办幼儿园中幼儿园教师与幼儿的亲密度总体上优于民办幼儿园。[1]上述结果表明，幼儿园的地位和性质影响幼儿园教师与幼儿的亲密程度。在不同级别、不同性质的幼儿园中，幼儿园教师与幼儿的亲密程度的差异与幼儿园教师队伍素质和幼儿园管理密切相关。幼儿园级别越高，幼儿园教师队伍的专业理念与专业能力越强，幼儿园管理者有能力，也更重视提升幼儿园教师素质。

县直幼儿园在招聘幼儿园教师时就重视求职者对幼儿的态度与行为，把是否关爱幼儿作为幼儿园教师聘用中优先考虑因素。（C-10）

此外，学前教育系统也存在物质、能量和信息的流通。[2]幼儿园的地位越高、口碑越好，那么它获得的物质支持就会越多。在这种情况下，幼儿园教师更有可能去发现美好、体验幸福和发展自身品格优势，以更高标准和更严格要求去发展自己。

我们这所园是本县建得最早的一所幼儿园。县上公职单位

---

[1] 冯婉桢，蒋杭柯，洪潇楠.师幼关系类型及其影响因素分析［J］.学前教育研究，2018（9）：50-59.

[2] 吴鼎福，诸文蔚.教育生态学［M］.南京：江苏教育出版社，2000：110-112.

的孩子基本上都在我们园，所以幼儿园教师的社会地位比较高。在这样的单位上班，老师们会感觉有身份，感到自豪和骄傲，但同时也会让自己时刻绷紧神经，要给全县人民留一个好的印象。(C-10)

在地位较高、口碑较好的幼儿园中，教师的幸福感更足，品格优势水平会更高，运用自身品格优势的频次也更多，幼儿园教师品格优势发展的可能性就更大。

2. 教育管理部门

幼儿园是幼儿园教师品格优势发展的主要场域，但幼儿园教师发展还离不开上级教育管理部门物质和精神层面的支持，所以上级教育管理部门也是幼儿园教师品格优势发展的又一重要环境因子。在访谈中幼儿园教师提及，上级教育管理部门对幼儿园物质上的支持、对幼儿园教师精神上的理解和关心都是自己品格优势发展的动力。

我们园所是很幸福的一所幼儿园。无论园所领导，还是上面领导都很关心我们。上级领导对我们园所在经济上和制度上都给予支持，而且经常给我们创造培训机会，让老师不断提高自身素质。(C-01)

与之相反，缺乏上级教育管理部门的物质支持和精神鼓励，或者物质支持和精神鼓励不足，会阻碍幼儿园教师品格优势发展，甚至会出现倒退现象。

我们幼儿园在城乡接合处，是农村幼儿园。虽然上级教育管理部门对幼儿园的工作很支持，但是幼儿园教师外出培训和学习机会不太多。外出培训和学习可以提高幼儿园教师的专业能力，能更好地完成教学工作，还可以学习到许多新的教学方法。如果不外出培训和学习、不接受新的内容会导致自己退步。（N-03）

上述事例表明，上级教育管理部门是影响幼儿园教师品格优势发展的一个重要环境因子，是促进或阻碍幼儿园教师品格优势发展的重要外部环境变量。

3. 大众媒体

大众媒体是指面向大众传播一定信息的载体。随着人们生活水平的提高和科技进步，人们获取信息的渠道变得丰富和多元化，网络媒体成为当前人们获取信息的一种重要途径。有研究者指出，当前大众媒体对学校德育产生重大影响。大众媒体既是学校德育的重要环境，直接参与塑造学校德育对象，也会间接影响学校德育的诸多环节。

大众媒体对幼儿园教师品格优势发展的影响主要是通过信息内容发挥其环境育人的重要作用。大众媒体本身只是信息传播的一种载体，但是其内容由社会主体所赋予，这些信息内容对幼儿园教师品格优势发展产生重要影响。譬如，社会上一些"虐童事件"细节的曝光、幼儿园教师"负面行为清单"的出现迫使幼儿园教师不断学习新知识、修正自己的不良行为，树立正确的儿童观、教育观。同时，社会对一些优秀教师先进事迹的生动报道也给幼儿园教师以道德和力量、感染和教育，促进幼儿园教师不断改进和完善自己，不断提高自己的发展目标。

当然，大众媒体对幼儿园教师品格优势发展也会有不利影响。当前有一些媒体将幼儿园教师道德形象神圣化，引导社会大众对幼儿园教师有过高期望，不利于良好师幼关系和亲师关系的形成，不利于形成和谐的家园合作。也有媒体过度渲染"虐童"事件，扩大幼儿家长对幼儿园、幼儿园教师的焦虑，从而影响幼儿园教师和幼儿家长良好关系的建立，而这些又会反过来影响幼儿园教师品格优势的发展。

大众媒体客观、公正地传播幼儿园相关事件，引导大众建构正确的幼儿园教师形象，正面报道优秀幼儿园教师的先进事迹，树立幼儿园教师学习榜样，为幼儿园教师发展创建良好的社会环境，这些对于幼儿园教师品格优势发展有重要作用。因此，如何发挥大众媒体的有利作用并降低其不利影响也是分析和利用大众媒体环境因子需要解决的关键问题。

（四）影响幼儿园教师品格优势发展的宏观系统

宏观系统代表一种基础信念系统或意识形态，它是微观系统、中间系统和外在系统在整个文化或者亚文化水平上可能存在的内容和形式共通。人的发展既受到其所处的直接的、具体环境的影响，也受到有更加广阔背景的宏观系统的影响。微观系统对人的行为和发展的影响，是在外在系统和宏观系统这种广阔的情景下实现的，同时微观系统对人的行为和发展的影响在很大程度上也反映了外在系统和宏观系统对人发展的影响。影响幼儿园教师品格优势发展的宏观系统主要涉及政治、经济和社会文化。

1. 政治和经济

政治和经济作为不同的社会环境对教育的影响不同，但政治和经济相互关联、相互渗透和融合。经济的基础作用需要通过上层建筑去实现，政治和经济对幼儿园教师品格优势发展的影响往往交织在一起。有学者指出，政治和经济对德育的影响由外到内分为外层、中层和内层。同理，政治和经济对幼儿园教师品格优势发展的影响也可分为以上三层。在外层，政治和经济影响幼儿园教师品格优势发展的"输入"和"输出"。政治和经济既影响幼儿园教师品格优势发展所需的资源条件和资源分配，也影响幼儿园教师品格优势发展目标的设定。在中间层，政治和经济影响到品格优势教育内容、教育方法和教育管理。在最内层，政治和经济影响到品格优势教育的质量。❶ 因此，品格优势发展不是封闭式发展，相反，政治和经济融为一体影响幼儿园教师品格优势发展。

一方面，政治和经济通过资源、政策法规、行政管理直接影响幼儿园教师品格优势发展。

现在政策越来越好，孩子们生活也越来越好。尤其是，我们这偏远地区的孩子们学费和生活费全免，每天早晨有牛奶、面包，下午有午点还有水果，中午的正餐也是变着花样做，这

---

❶ 檀传宝.学校道德教育原理［M］.北京：教育科学出版社，2003：113–116.

都源于国家的好政策。（N-04）

国家政策好了，幼儿家长更认可学前教育，也会给予幼儿园教师更多的理解和支持。幼儿园教师才会有更多资源、更多精力来发展自身品格优势。

另一方面，政治和经济还可以通过社会文化间接影响幼儿园教师品格优势发展。

目前国家越来越重视学前教育，更是注重农村幼儿园，对幼儿园教师待遇也有所改善。这对我来说影响很大，同时也让学前教育专业毕业的师范生愿意到农村幼儿园工作。（N-12）

社会形成尊师重教的社会文化，幼儿园教师地位和相应权利得到保障，幼儿园教师的满意度和幸福感才有可能提升，才可能自觉自愿投身幼儿教育事业。反过来，这种积极体验、教育理想也会促进幼儿园教师品格优势发展。

2. 社会文化

前面曾提及，政治和经济对幼儿园教师品格优势发展的影响有时候会通过社会文化的中介作用去实现，所以，社会文化对幼儿园教师品格优势发展也有重要影响。檀传宝认为，社会文化对德育的全过程及各个领域都有重要影响，这种影响缘于文化渗透性和文化动在性。❶首先，文化有渗透性。社会文化影响德育主体的知识体系、价值观、教育观，制约德育对象的

---

❶　檀传宝. 学校道德教育原理［M］. 北京：教育科学出版社，2003：125-128.

身心特征，还影响德育的内容与德育方法。其次，因为文化传递和文化传播影响德育，文化与德育产生互动，对德育的制约有决定性意义。此外，文化在选择中前进，文化选择也影响德育。

以前，大家对幼儿园教师的认知就是"保姆"。现在随着社会发展，大家对学前教育的认识变了，幼儿园教师的社会地位有所改善，得到了大家认可。这对于在这一行工作的人来说是一件好事，也是我们坚守幼儿教育事业的动力。（C-13）

政治、经济和社会文化一方面作为宏观系统对品格优势发展产生直接或间接影响，另一方面，宏观系统又为微观系统、中间系统、外在系统对品格优势发展影响提供更大环境支持。总之，微观系统、中间系统、外在系统和宏观系统相互联系、相互影响，形成合力共同促进幼儿园教师品格优势发展。

二、幼儿园教师品格优势发展的四维生态环境系统

通过对 14 名幼儿园教师的访谈文本的主题分析，最终提炼出微观系统、中间系统、外在系统和宏观系统四个环境系统和幼儿、幼儿家长、幼儿园同事、师幼关系、亲师关系、家园关系等 14 个环境因子。在结构上，幼儿园教师品格优势发展生态环境结构模型包括垂直层次和水平层次的分类。具体而言，从内到外建构了两个垂直层次：环境因子（二级指标）和

环境系统（一级指标）。在水平层次上，每一环境系统又细分成若干个环境因子（见表4–1）。在品格优势发展生态环境结构模型中，环境因子反映环境系统影响幼儿园教师品格优势发展的过程和机制。微观系统对幼儿园教师品格优势发展的影响是通过家庭、幼儿、幼儿家长、幼儿园同事和幼儿园五大环境因子的影响来实现。中间系统通过师幼关系、亲师关系、家园关系影响幼儿园教师品格优势发展。幼儿园的地位与性质、教育管理部门和大众媒体以外在系统的形式影响幼儿园教师品格优势发展。此外，幼儿园教师品格优势发展还离不开国家政治、经济和社会文化的支持。

表4–1　幼儿园教师品格优势发展生态系统理论模型

环境系统	环境因子
微观系统	家庭、幼儿、幼儿家长、幼儿园同事、幼儿园
中间系统	师幼关系、亲师关系、家园关系
外在系统	幼儿园的地位和性质、教育管理部门、大众媒体
宏观系统	政治、经济、社会文化

第二节　幼儿园教师品格优势发展生态环境系统的验证

本研究建构的幼儿园教师品格优势发展生态环境系统表明，影响幼儿园教师品格优势发展的外部环境包括直接影响幼儿园教师品格优势发展的微观系统、通过影响微观系统中各环境因素之间的关系而影响幼儿园教师品格优势发展的中间系统，以及支持微观系统和中间系统发挥作用的外在系统和宏观系统。四者之间的整体关联和动态平衡共同促进幼儿园教师品格优势发展。为验证幼儿园教师品格优势发展生态环境系统的合理性，本研究以前期定性研究中获得的理论模型为基础编制测验，并对理论模型进行结构方程模型验证，考察理论模型的拟合程度。

一、幼儿园教师品格优势发展生态环境问卷的编制

（一）问卷编制与测试

考虑到参与者注意力和动机水平的影响，并参照简版品格优势问卷和品格优势评定问卷的方法，❶ 编制了《幼儿园教师品格优势发展的生态环境问卷（初始版）》。问卷包含 14 题，每道题测评一个环境因子。初始问卷由指导语、个人信息和问卷主体三部分组成。指导语用以介绍测验内容、目的、作答方式和注意事项。作答方式为利克特式五点量表，要求幼儿园教师判断出列举的生态环境因子对自己的影响程度（"非常不重要"到"非常重要"），分别计 1~5 分，得分越高表明生态环境因子对幼儿园教师的影响越大。从乌鲁木齐市和阿克苏共抽取 280 名幼儿园教师进行品格优势发展的生态环境初始问卷测试。数

---

❶ RUCH W, PARK N, CASTRO C A. The Character Strengths Rating Form（CSRF）: Development and initial assessment of a 24-item rating scale to assess character strengths [J]. American Psychologist, 2011（3）: 53-58.

据主要用于项目分析，以确定项目的合理性。

（二）结果与分析

1.项目区分度分析

采用题项得分与维度总分相关进行区分度分析。项目分析结果显示，14道题目的区分度介于0.80~0.88，且都达到显著的水平（$Ps < 0.05$）（见表4-2），测验题目的区分度都达到测量学要求，测验题目的区分度比较理想。

表4-2　品格优势问卷项目区分度（N=280）

题项	区分度	题项	区分度	题项	区分度	题项	区分度
a1	0.80	a5	0.88	a9	0.85	a13	0.87
a2	0.81	a6	0.86	a10	0.80	a14	0.80
a3	0.84	a7	0.86	a11	0.83		
a4	0.87	a8	0.88	a12	0.80		

2.测验信度分析

以内部一致性系数作为测验信度指标。结果显示，微观系统、中间系统、外在系统和宏观系统四个子环境系统的信度系数介于0.80~0.87（见表4-3），表明测验结果有较好的稳定性，测验信度比较理想。此14道题目组成《幼儿园教师品格优势发展的生态环境问卷（正式版）》，作为品格优势发展生态环境系统理论模型的验证工具。

表4-3　修订后幼儿园教师品格优势测验信度系数

维度	题项数	内部一致性系数	题项
微观系统	5	0.87	a1、a2、a5、a8、a11
中间系统	3	0.85	a6、a9、a13
外在系统	3	0.80	a3、a7、a12
宏观系统	3	0.81	a4、a10、a14

二、幼儿园教师品格优势发展生态环境系统的验证

（一）研究对象

采用整群抽样方法在阿克苏、喀什、克孜勒苏柯尔克孜三地州18所幼儿园（每地州3所县直幼儿园和3所县直幼儿园下的农村幼儿园）和乌鲁木齐市6所幼儿园共选取600名幼儿园教师进行正式问卷测试。在回收问卷中，有效数据580份，有效率96.7%。其中，阿克苏、喀什、克孜勒苏柯尔克孜和乌鲁木齐市分别占23.3%、22.4%、22.8%和31.5%；女性占92.6%，男性占7.4%；汉族占55.2%，少数民族占44.8%。

（二）结果与分析

KMO值为0.95，球形检验结果显著，χ^2（91）=5705，$P<$ 0.001，问卷的项目适合进行探索性因素分析。经过旋转，抽取4个因子，4个因子的累计方差解释率为75.27%（见表4-4）。

表4-4　幼儿园教师品格优势发展生态环境的因子结构和各项目的因子负荷

题项	微观系统	中间系统	外在系统	宏观系统
a1	0.695			
a2	0.725			
a5	0.705			
a8	0.725			
a11	0.672			
a6		0.407		
a9		0.659		
a13		0.808		
a3			0.671	
a7			0.579	
a12			0.790	
a4				0.484
a10				0.824
a14				0.766

　　验证性因素分析结果显示，模型拟合指数 RMSEA 为 0.08、NNFI 为 0.96、CFI 为 0.97。结果表明，幼儿园教师品格优势发展生态环境系统模型拟合良好、模型可靠（见图 4-1）。

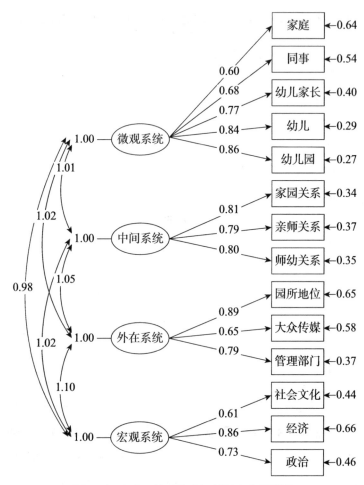

图 4-1　生态环境系统验证性因素分析模型

第三节　幼儿园教师品格优势发展生态环境系统的特点

　　幼儿园教师品格优势发展生态环境系统在结构上与人类发展的生态环境系统一致，二者都是由不同层次、不同性质的环境交织一起并由中心向四周扩散的网状嵌套结构。由内而外都包含微观系统、中间系统、外在系统和宏观系统，且每一层次的环境系统由内向外嵌套于相邻一个更高层次的环境系统里，其具体环境因子与人类发展的生态环境系统有所不同，体现了学前教育的性质和保教工作的特点。

一、与幼儿、幼儿家长及同事的关联更加紧密

　　其一，3—6 岁幼儿身心发育尚未成熟，需要幼儿园教师的精心呵护和照顾，但学前教育又是基础教育的重要组成部分，是学校教育和终身教育的起始阶段，学前教育需要为幼儿的近期和终身发展奠定良好的素质基础。幼儿身心发展的特点和需求决定了学前教育要以保教结合为其教育基本原则。在幼儿一日活动的组织和对幼儿的保育中，幼儿园教师与幼儿、幼儿家长、幼儿园等频繁接触，幼儿、幼儿家长、幼儿园等成为直接影响幼儿园教师品格优势发展的重要环境因素。

其二，学前教育的保教结合的工作特点也要求幼儿园每个班的主班老师、配班老师和保育老师协同完成幼儿保教工作。这就决定了幼儿园教师与同事之间的人际交往频度和深度也会高于其他任何学段的教师。幼儿园教师会受到幼儿园同事品格、能力、经验的影响，所以幼儿园同事也是影响幼儿园教师品格优势发展的一个重要环境因素。

二、外部环境之间的交互性更加突出

由于幼儿的脆弱与稚嫩，幼儿园教师经常会参与幼儿的游戏和日常活动，与幼儿建立起亲密的师幼关系。而且不同年龄的幼儿身心发展有不同特点和规律，也需要不同的教育策略和教育方法。所以幼儿园教师需要频繁地与幼儿家长沟通交流，并指导幼儿家长做好亲子教育，以便幼儿园教师与幼儿家长形成教育合力进行家园共育，共同巩固幼儿园的保教成果，促进幼儿健康成长。幼儿园教师与幼儿家长的联系频度和深度大于其他任何学段的教师。幼儿家长对幼儿园教师保教工作的理解、配合和支持与否对幼儿园教师品格优势发展会起到促进或阻碍作用。所以，师幼关系、亲师关系、家园关系成为影响幼儿园教师品格优势发展的重要环境因素。

第五章　幼儿园教师品格优势生态化发展机制

在明确影响幼儿园教师品格优势发展的外部环境之后，本章继续探明幼儿园教师如何同外部环境耦合与互动来促进自身品格优势发展，以明晰幼儿园教师品格优势生态化发展机制。为此，本章通过对"生态转换失败"、"生态转换成功"和"职业发展顺利"三位典型幼儿园教师连续性和非连续性发展节点上叙事的横向比较以及每位幼儿园教师叙事的纵向比较，来厘清在幼儿园教师品格优势发展中教师自身特征、生态环境的作用以及幼儿园教师与外部环境如何交互以促进其品格优势的生态化发展。

第一节　三位教师个案的叙事与解读

叙事研究一般按照质性研究中目的性抽样原则，选择能够为研究问题提供丰富信息的人作为研究对象。❶ 由于叙事研究需要深度描述每个人的叙事细节，叙事研究通常选用小样本，一般控制在 2~6 人。基于此，本研究选取喀什、塔城和阿克苏地区三位幼儿园教师作为研究对象。研究对象的选取基于以下三方面考量：（1）研究对象的经历能够为剖析幼儿园教师品格优势生态化发展机制提供丰富素材。研究对象中，M 教师经历农村到城市幼儿园的学前教育经历；D 教师经历城市到农村幼儿园的学前教育经历；L 教师经历两所幼儿园的学前教育经历。三位幼儿园教师在谈及身边幼儿和学前教育时，研究者能够体悟到她们的职业幸福感。她们言语中蕴含了爱、被爱、耐心、细心、同理心、洞察力、反思力、毅力、希望等品格优势。（2）近些年来国家加大了对学前教育的支持力度，新疆学前教育事业快速发展，但研究者在前期访谈中发现南疆和北疆、城市和农村在教育资源、语言环境等方面还存在差距，因此本研究的 3 名研究对象分别来自南疆、北疆的城市和农村幼儿园。（3）尽管职业成熟期的幼儿园教师能为研究问题提供的信息较丰富，但鉴于幼儿园教师职业发展的阶段性，本研究 3 名研究对象中有 2 名教师已经达到职业成熟期、1 名教师仍处于职业发展期，以便于横向比较。

叙事过程包括以下三个环节：

（1）收集对话和故事文本。依据《访谈提纲》对幼儿园教师进行访谈，在访谈过程中全程录音并根据受访者的故事叙述

---

❶ 傅敏，田慧生. 教育叙事研究：本质、特征与方法 [J]. 教育研究，2008（5）：36–40.

进行跟踪提问或深入挖掘。对话和故事文本主要从时间、个人与社会和空间三个维度进行收集。在时间维度上，收集的文本既包括幼儿园教师品格优势发展的过去，也包括现在和将来。在个人与社会维度上，收集的文本主要聚焦幼儿园教师与他人的关联以及与他人的互动。在空间维度上，收集的文本主要关注幼儿园教师经历的情景性。

（2）编码和形成单个故事文本。编码采用组织故事元素成为问题解决的叙事结构，按照时间顺序，把故事中的背景、人物、活动、问题和问题解决五个方面组成一个包含故事基本元素的序列性文本。[1] 然后，组织幼儿园教师在不同发展节点上的活动形成故事文本。节点是指发展过程中对人有重要意义的关键点，人在此关键点对可能导致自己思想和行为发生转变的重要事件曾做出过重要选择和决策。[2] 以往研究结果表明，人的发展并不完全是连续性成长，有时还包括"豁然开朗"和"顿悟"般的飞跃。幼儿园教师发展也是连续性和非连续性的统一，既有从不成熟到成熟发展中的关键节点，也有"危机""突然遭遇"等非连续性发展节点。[3] 非连续性发展节点也对幼儿园教师品格优势发展有重要意义，因为只有度过"危机"或"突然遭遇"，幼儿园教师才可由原有发展阶段向新的发展阶段过渡实现其品格优势发展，否则会阻碍幼儿园教师品

[1]　傅敏，田慧生.教育叙事研究：本质、特征与方法［J］.教育研究，2008（5）：36-40.

[2]　孙树村.幼儿园骨干教师专业发展节点研究［D］.南京：南京师范大学，2018.

[3]　冯建军.生命发展的非连续性及其教育：兼论博尔诺夫的非连续性教育思想［J］.比较教育研究，2004，（11）：122-124.

格优势发展。因此，本研究以每位幼儿园教师在连续性和非连续性发展节点上的叙事来组织相应的故事文本。在每位幼儿园教师品格优势发展叙事中将分析融于故事文本之中。

（3）采用主题分析法，从个案中寻找叙说的一致性并用反复出现的主题来发展三位幼儿园教师叙事中的核心概念。同时，本章叙事研究关注幼儿园教师个案主题但又不局限于个案，并跨越三位幼儿园教师个案的叙说进行了主题分析。简而言之，本章叙事分析首先反复分析三位幼儿园教师的叙事，提炼每位幼儿园教师叙事中出现的多个主题，然后按照年代学方法（时间顺序）叙说三位幼儿园教师叙事中出现的每一个主题，最后在三位幼儿园教师叙事的基础上，跨越三位幼儿园教师进行主题分析，以明晰幼儿园教师品格优势生态化发展机制。

一、生态转换失败的 L 教师叙事与主题分析

L 教师，27 岁，学前教育专业。大学毕业后她就职于 XX 镇幼儿园，她有 8 年农村幼儿园学前教育工作经历，目前是二级教师。她曾获得地区级奖项 1 项（优秀指导老师）、县级 3 项（优秀指导老师、先进德育工作者、优秀共产党员）和乡镇级 2 项（模范班主任、教学基本功大赛一等奖）。

L 教师是经朋友介绍认识的，选择她作为叙事研究对象的一个重要原因是事先从朋友处了解到她的职业发展路径比较坎坷，这恰好为本研究中叙事的横向比较分析提供可能。来到她所在的幼儿园恰逢周六，由于事先双方已经有所了解，经协调

访谈在我所住的宾馆里单独房间进行，访谈分上下午进行。从她的叙事中整理出 4 件与品格优势发展有关的活动或事件，其中 2 件发生在连续性发展节点上，另外 2 件发生在非连续性发展节点上。

（一）L 教师的叙事

1. 职业适应初期坚守农村幼儿国家通用语言教育

2012 年我告别绚丽的校园舞台、脱下学生干部的"光环"后就面对一群国家通用语言听不懂的少数民族孩子，还要应对不理解学习国家通用语言重要性的家长。在这样复杂的工作环境里，满怀激情的我迷茫了，嘴不知如何张，手不知如何放，仿佛一时之间自己学了几年的学前教育知识在这个幼儿园竟没有了用武之地，现实如一盆冷水浇得我透心凉。

她首先回忆起自己职业初期的不适应。孩子们不懂国家通用语言、家长们不了解国家通用语言的重要性，她迷茫了，无法将大学里学到的理论知识合理应用于学前教育实践。在这种情景下她面临艰难的选择：

在这样的环境下大家开始各显神通。有的教师选择了离开，回到舒适温暖的城市去面对普通话标准的孩子和重视教育的家长；也有的教师选择了顺其自然，孩子不懂我就不教，抱着反正教了他们也理解不了的态度虚度光阴。我与他们都不同，我爱学前教育、爱孩子们，在城市和乡村之间、在富裕与清贫之间，我选择了迎难而上。怀揣着自己对学前教育事业的热爱，我选择扎守在基层，在基层实现自己的梦想。

选择扎守基层之后，她开始调整自己的心态、调整自己的行为来适应当前环境。

我那时候经常把自己当作小学生，不断向幼儿园同事取经，学习他们的教学经验，不断提高自己"入乡随俗"的能力。

她又以自己的方式变更和建构新的环境。她在行动中不断反思与孩子交流的方法，从中寻找他们最能理解的沟通和交流方式。

我当时对自己说，要想教育好学生，我就要给这里的学生一个自信的理由。我拜学生为师，向他们学习维吾尔语，让他们教我维吾尔语的同时也学会相应的汉语，从而也让孩子们知道，老师也有不会的时候，每个人都不是十全十美的，用自己的真心对待身边的每一个孩子。

此外，她还改变了与孩子们家长的沟通方式。

在家访时，说的他们听不懂，我就给他们看看大城市的生活照片，让他们从中领悟到自己在这个小小的乡村里过了一辈子面朝黄土背朝天的艰苦生活，但这样的生活要从他们这一辈结束，让自己的孩子和城市的孩子一样接受良好的教育、过上幸福的生活。

她的职业适应是成功的，也真正地融入孩子们当中。回忆时她也感谢这段平凡的经历，并认为这里有自己最美好的回忆。

真正地融入孩子们当中时我才发现，你所付出的和收获的都成正比。学前教育无小事。七步洗手法、学习国家通用语言都是幼儿园的大事。在基层工作的我也明白了一个道理，那就是无论在什么情况下，作为教育工作者都不能放弃孩子，只要肯努力、不怕苦，所有的困难都会有解决的办法。与其让自己在最美好的年华碌碌无为，不如用心做事、踏实成长，用真心换孩子们的笑脸。

2. 职业发展期的收获

经过农村幼儿园 5 年的工作经历，L 教师快速成长起来，她的业务能力比较精湛，在教学基本功大赛中获得重要奖项，思想和品格也获得持续发展。她曾获得县级"先进德育工作者""优秀共产党员""优秀指导老师"等称号，指导的学生在国家通用语言大赛上也荣获大奖。此外，她的真心付出也得到了学生的回报。

在一次小学生国家通用语言大赛中做评委时，我以前带的一位少数民族学生（现在上一年级）荣获县级第一名。听到结果的时候我很高兴，因为这是我曾经带过的孩子。更让我感动的是，当最后主持人说请指导老师上去拍照时，小女孩想请幼儿园里的汉族妈妈（我）跟她一起拍照。当时有些尴尬，但尴尬之余是满满的感动。我很欣慰，自己带的孩子没有忘记自己。以前很多老师都说，自己带出的孩子长大后都不记得自己了，我不这么认为，我坚信只要我们用心，孩子们都能感受到。

3. 换工作中遭遇的挫败

2016 年我有一次到县城幼儿园工作的机会，当时孩子才两个月，产假还未结束。可能会有人说，你热爱教育但是你没有坚持。但对于我而言，我也有私心。那里的孩子没有我还会有很多 L 老师，可我的孩子需要一个能够陪伴在他身边的妈妈。

人的需要特征引发来自环境的反应，促进或阻碍"活动"的运作，但有时人的发展是被"抛入"社会的，没有选择性和必然的规律性。她最终放弃了休产假，选择了这所城市幼儿园。

来到这所幼儿园，并不像我想象中的那般美好。这是一所新建的幼儿园，每天有很多事情，我几乎每天都是早出晚归。

对于一个刚刚生育过的妈妈来说，吃苦受累我都可以接受，只要离孩子近，以后照顾他也方便。然而事与愿违，我在这所幼儿园工作极不顺心。工作上很多事情明明是领导安排的，但上级领导来检查不满意时幼儿园领导却把所有责任都推卸到我身上。更让人不能接受的是领导还要求我断母乳。工作中我可以做到随叫随到，也可以做到一天不回家，但让两个月的孩子就断母乳我做不到。在那份工作中我找不到快乐，所受的委屈也无人能诉。每天回家前我都要整理好自己的情绪，生怕家人看出我在外哭过。说真的，在那里我只待了十天，可如今快五年了，想起当时的情景心里还是会隐隐作痛，因为没有一个人能够明白，在那十天里我都经历了什么。

　　生育和养育幼儿会消耗幼儿园教师大量的时间和精力，降低幼儿园教师对工作和自身品格发展的期待，在一定程度上可能会延缓幼儿园教师的发展进度。它既是幼儿园教师发展之痛，处理不好会阻碍幼儿园教师的发展；但也是幼儿园教师发展之幸，因为处理好会成为幼儿园教师发展的契机，解决和度过危机会促使幼儿园教师的发展进入一个新的发展层次，对幼儿园教师品格优势的发展会有积极意义。❶从叙事中可知，L 教师这次短暂的生态转换是失败的，对她品格优势发展很不利。

　　4. 养育孩子的阵痛

　　谈及孩子的养育，L 教师明显有些遗憾和自责，她一直认

---

❶ 刘芸. 养育事件对幼儿园教师专业成长影响的研究 [D]. 南京：南京师范大学，2008.

为自己在家庭与工作的平衡上是失败的。

为了工作，孩子在半岁的时候被奶奶带回老家，直到两岁才回到我身边。孩子回来后缺乏安全感，生怕哪一天又要离开妈妈。更让我感到亏欠的是孩子的舌系带有问题，说话有困难，如今四岁了，但语言发展水平也只不过是两岁多孩子的水平。孩子两岁前一直是爷爷奶奶带，他们总以为男孩子说话晚，我也因为工作原因没有在意，直到将孩子接回到自己身边带去医院检查时才发现孩子舌系带有问题，要做手术。

当然，孩子的养育也加深了她对学前教育的理解。

做母亲之后，最大的感触是在教育孩子们时我多了一份耐心、母爱，也愿意放慢脚步，这是我没做母亲之前体会不到的。在教孩子们国家通用语言时，真的多了一份母亲般的爱。孩子们不会时，我就会想他们还小，没有必要对他们要求那么高。如果我过于严厉，常批评他们，他们的父母也会心疼。在与幼儿家长沟通时，我懂得注意自己的语言、语气，能够站在对方的视角思考问题。

（二）L教师叙事的主题分析

1.品格优势发展与活动密切关联

L教师的叙事表明，幼儿园教师品格优势发展与活动密切关联。无论连续性发展节点上的快速成长，还是非连续性发展节点上的阵痛和遗憾，都表明其品格优势发展与活动有关。活动一方面可以促进幼儿园教师品格优势发展，另一方面，活动有时候也会阻碍品格优势发展。由 L 教师的叙事可知，对孩子养育的遗憾和自责、平衡家庭与工作的失败，让她的消极体验比较明显，而消极体验反过来会使她的注意、认知、行动范围变窄，难以从多角度去思考行为的可能性，也没有更多的资源来更好地处理问题，从而阻碍其品格优势的发展。

2. 品格优势发展与教师自身特征有关

活动由人的需要特征引发、受人的资源特征制约、依靠人的动力特征得以维持。人的需要特征引发对相关活动的期待。出于对学前教育事业的热爱，L 教师选择扎守在基层，在基层实现自己的教育梦想，表明她的发展缘于自身需求。同时，活动的运转还需要资源条件的保障。她热爱学前教育、喜欢孩子、有同理心、能够充分调动幼儿学习的主动性、有不断向幼儿园教师学习和不断进取的精神，她还有整合幼儿园、幼儿家庭等教育资源的能力。这些品质和能力成为与品格优势发展有关活动运转的必要条件。此外，她的坚韧性、勇气以及信念等意志力方面品格优势维持了活动的持续运转和作用。上述结果表明，幼儿园教师品格优势发展与其自身需要特征、资源特征和意志力等动力特征密切相关。

3. 品格优势发展与外部环境有关

当人从一种情景到另一种情景，微观系统中各环境因子之间的关系——中间系统被扩展。中间系统中的复合环境参与、间接连接、环境之间的知识、环境之间的交流对人的发展产生重要影响。❶ 如果不同环境对人的角色要求一致，人参与的活动、形成的人际关系、承担的角色都有利于环境之间建立相互信任、积极定向和目标一致的关系，且发展均势朝着有利于发展主体一方发展，那么中间系统对人发展的促进潜力会更大。由 L 教师调换工作的叙事可知，调换工作之前她并未获得环境之间的知识，也未曾有环境之间的交流，尤其是幼儿园领导忽视她的内在需求，发展均势没有朝着有利于她的一方发展，所以外部环境未能成功促进她品格优势的发展。环境对发展的影响通过环境的三个基本元素，即克分子活动、人际关系和角色的变化和相互关系来体现。从克分子活动来看，在简单重复的克分子活动中，活动内容、活动结构的复杂程度、活动心理动量以及感知到的心理场的复杂性都没有太大变化。环境的变化没有带来活动动力性的增强，从而未能有效地促进其品格优势发展。从人际关系来看，L 教师在新幼儿园短暂的工作中，领导的苛刻要求（断母乳）和不承担责任、同事之间的陌生感导致她在新幼儿园难以建立起一种复杂的人际关系互动模式，也难以建立起强烈而持久的情感联系，所以人际关系对她品格优势发展的不利影响也较大。从角色转换来看，在新幼儿园短暂的工作中她不能很好地树立自己的角色，也没有获得该角色的鼓励和支持，从而阻碍其品格优势发展。每天繁忙的具体工作、没有一种强烈而持久情感联系的人际关系结构、简单的人

---

❶ BRONFENBRENNER U. The ecology of human development: Periments by nature and design [M]. Cambridge, MA：Harvard University Press，1979：26–28.

际互动，这些都使她在那份工作中找不到幸福和快乐，所受的委屈也无人能诉。而且，由于在新工作环境中她的角色模糊，难以引起与角色期望一致的感知、活动和人际关系模式。因此，在新的活动、新的人际关系和新的角色的挑战中，克分子活动的变化幅度较小、人际关系结构简单、角色定位不清晰，三者都无法激发幼儿园教师内在的发展动机和发展的动力，也削弱了环境对品格优势持续发展的作用。

　　L 教师的叙事反映出，幼儿园教师品格优势发展与活动、教师自身特征和外部环境都相关，表明幼儿园教师品格优势受到活动、教师自身特征和外部环境的影响。但上述三者又是如何影响幼儿园教师品格优势的发展？三者之间有何关系？仅仅从她的叙事中还难以得出结论。为此，研究还需要另一个生态转换成功或职业发展顺利的幼儿园教师来做横向比较。通过比较生态转换失败和生态转换成功的两位幼儿园教师在活动、自身特征和外部环境的不同来探明活动究竟如何影响幼儿园教师品格优势发展以及教师自身特征和环境究竟如何影响其品格优势发展。

二、生态转换成功的 M 教师叙事与主题分析

　　M 教师现年 41 岁，初等教育（文科方向）专业。她原为乌鲁木齐市一家通信公司驻疆办事处的文员，2006 年 5 月随丈夫（军转留疆干部）来到 XX 县从事学前教育。虽然 M 教师"半道出家"，但她的职业发展道路清晰。她有 4 年农村幼

儿园教育工作经历、11 年城市幼儿园教育工作经历，目前是一级教师。在此期间，她曾做过幼儿园普通教师、2 年教研组长、2 年教务主任、3 年园长。她曾获得园级（3 项一等奖）、县级（1 项一等奖）和地区级（1 项二等奖）教学基本功大赛的奖项，也曾获得县级"优秀共产党员""优秀辅导员""优秀园丁"荣誉称号各 1 次。

M 教师是"国培计划"班里的一名优秀学员，选择她作为叙事研究对象基于以下两方面：一是事先我已经了解到她"半道出家"，而且生态转换很成功，她的叙事可以与 L 教师叙事进行横向比较分析；二是她经历了普通幼儿园教师—教研组长—教务主任—幼儿园园长职业发展路径的变化，她的叙事本身可以进行纵向比较，从而可以探究活动、教师自身特征和外部环境如何随着时间的推移而动态地影响幼儿园教师品格优势发展。2019 年 4 月 25—28 日，连续 4 晚上在学校独立办公室对 M 教师进行一对一访谈。从她的叙事中整理出 5 件与品格优势发展有关的活动和事件，其中 4 件发生在连续性发展节点上，1 件发生在非连续性发展节点上。

（一）M 教师的叙事

1. 职业适应初期艰难的幼儿国家通用语言教育

从办事处文员转行从事学前教育，刚开始 M 教师面临的最大困难是语言问题，与孩子们的沟通交流十分困难。

我到 XX 县 XX 乡幼儿园时，大部分幼儿是少数民族。当时没有配班老师，没有保育员，我一个人负责带一个班。我不是学前教育专业毕业，而且和孩子们交流有语言障碍，工作开展起来难度很大。

她一边通过改变和调整自己的行为来适应环境，一边以自己的方式变更（改变活动的意愿）和建构环境（建构自己的环境知识）。针对和孩子们的语言沟通的问题，她尝试了各种沟通方式。

能说通就说，说不通就比划，比划也不行我就在黑板上画画，实在不行就找少数民族教师翻译。为了促进孩子们口语发展，我想了很多办法，经常和孩子们一起玩，一起说话。少数民族孩子不太会主动找老师沟通，我就鼓励孩子们向我告状。只要你能用国家通用语言来告状，我就受理，甚至我们一定要理清楚这个纠纷的来龙去脉。

M教师在活动中创造性地运用了很多方法为幼儿创设自由、宽松的语言环境。这些活动需要她在幼儿语言学习中发现、把握，甚至创造机会进行随机教育，以便更好地促进幼儿语言能力发展。这些活动既考量了她的教育智慧，也发展了她的创造力、反思力、思维等智慧品格优势。和孩子们一起玩，一起说话，鼓励孩子们主动和老师、同伴沟通交流，同时对幼儿的语言行为给予积极回应（只要用国家通用语言告状就受理，而且想办法解决），这些活动促进了爱、善良、耐心、细心等人性方面品格优势的发展。反过来，环境也影响她的品格优势发展。

在变更沟通方式取得成效之后我采取的活动越来越多，自己的洞察力、创造力、活力、好奇心、反思力、领导力、爱、善良、毅力、公正等品格也得到提升。

谈起她为何能够突破"职业适应"的困境，她说道：

个人能不能发展，关键看你想不想进步，只要你想进步就一定会有办法。我来自兵团，父亲是兵团XX建普通工人，母亲无业，从小家境比较贫寒。这样家境出来的我相对而言比较善良，能够吃苦耐劳，有毅力，对事物充满希望。看到这里的小孩让我想到以前的自己，我渴望去帮助他们。

我从小就擅长绘画，经常负责出黑板报，此外我性格活泼、爱唱爱跳、对事物有好奇心，更关键的是我喜欢小孩，所以我很快就能够和孩子们打成一片。我那时候特别喜欢带着孩子们一起唱唱跳跳、画画，孩子们也特别喜欢我。可能每个人都会去寻找自己存在的价值。这里的小孩很纯洁，父母很质朴，你付出了就会得到孩子们和他们父母的认可，我也愿意去帮助他们。看到孩子们的成长，我体验到了自身的价值。

2. 职业发展期良好的师幼互动、家园互动

经过农村幼儿园4年的工作经历，M教师逐渐成长起来。

由于工作出色，她于 2010 年 11 月被调进 XX 县幼儿园任幼儿园教师。此时，她对学前教育的五大领域教学有了一个比较系统的认知，业务能力也有比较大的提升，在与环境交互作用中其思想、品格也得到持续发展（自述）。从职业发展期发展节点上的叙事来看，其品格优势发展依然在活动中发展，而且活动呈现出以下特点：

（1）活动越来越复杂。活动的复杂性主要体现在三方面：

第一，活动内容从语言学习到日常生活的互动。

听配班老师说，有一个小女孩儿尿了一年裤子。孩子穿得干干净净，家境在当地也比较好，父母都有正式工作，如此好的家境为何孩子有这样问题？于是，我开始观察孩子。孩子们去上厕所时，这个孩子也去，但只在厕所里站一会儿就出来。后来和她妈妈沟通才知道，孩子是因为害怕（幼儿园是坑道式厕所，比较深）而不在幼儿园上厕所。为避免孩子紧张、尴尬，等所有孩子上完厕所后我专门陪着她一个人去上厕所。我把她扶上去，抓着她的手，告诉她不要害怕，老师会扶着你的。结果陪了她两次，第三次孩子就独立去上厕所了。通过这件事我发现，一个小小的细节，对于教师来说不算什么，但足以帮助和改善孩子行为。

第二，活动结构愈发复杂，既有师幼互动、师师互动（传、帮、带），还有教师与学生家长的互动。她回忆起一次与孩子家长的互动，她说：

有一件事让我感触很深，对我影响很大。XX是我班的小班长，学习非常好。有一次她和另外一个小朋友追逐的时候由于跑得太快而摔倒了，右手腕摔骨折。我一边背着她赶车去县人民医院，一边通知她爸爸。当时我非常害怕她爸爸会生我的气、责备我。结果她爸爸什么都不说，还不断安慰我说没有关系，不要担心。虽然这件事过去了很久，但是我依然记得她爸爸对我的宽容和理解，让我感触很深，对我影响很大，也成为我后面工作的动力。家长的理解和支持让我在今后工作和生活中更愿意不断规范自己行为，对孩子们付出更多关心和爱。

第三，活动的心理动量也越来越大。心理动量是指人参与活动的主动性、注意力水平，以及在活动中抗干扰的能力。❶ M教师不断反思自己的教育实践，对学前教育规律的认识越来越深刻，更愿意也更主动去与孩子们互动。正如她所说：

从上厕所事件中我体验到老师对于孩子们的意义。幼儿园无小事，所以我在后面的工作中变得更加细心、耐心，也会给孩子们更多的爱和关心。而且，只要你认真地去做了，对孩子好，时间长了孩子也会反馈给家里，孩子的家长也会认可你。反过来这些也会促使你在今后的工作中付出更多的爱和精力。

（2）人际关系的范围不断扩大，从起初的师幼关系发展到

---

❶ BRONFENBRENNER U. The ecology of human development: Periments by nature and design[M]. Cambridge, MA：Harvard University Press, 1979：26–28.

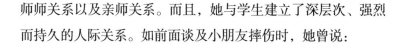

师师关系以及亲师关系。而且，她与学生建立了深层次、强烈而持久的人际关系。如前面谈及小朋友摔伤时，她曾说：

在接骨头的时候，孩子哭得非常伤心，她爸爸也在流眼泪，我也在旁边哭。

她还谈及与学生家长的情感联系：

我和先生去乡巴扎吃饭，结果吃完饭老板不收钱，说我是孩子的老师。吃完饭之后去买水果，老板也不收钱，也说我是孩子的老师。

这些叙事表明，M 教师与孩子、其他教师、学生家长已经逐渐建立起深层次的、强烈而持久的情感联系，即基本双人关系。当这种高级功能的人际关系建立之后，互动模式也会更复杂，发展的均势也会逐渐转向发展主体，因而环境对幼儿园教师品格优势发展的影响会较大。

（3）在活动中 M 教师表现出与幼儿园教师角色期望一致的感知和活动，反过来孩子们行为的改变、家长的理解和支持让她得到更多的鼓励和支持，在工作和生活中更愿意表现出被期望的行为。

孩子们对我的爱和关心、家长的理解和支持让我在今后的工作和生活中更愿意不断规范自己的行为，对孩子们付出更多的爱。

3. 职业反思期安于现状的突破

M 教师提及自己曾有一段时间停滞不前。她自认为有 8 年的学前教育经验应该有能力胜任普通幼儿园教师工作，而且生完二胎后环境的改变让她不得不将重心转移到家庭，她有点安于现状。

产假休完工作后，我有些力不从心、状态不太好。有两方面原因。一是对大女儿的亏欠让我在抚养二胎时变得非常焦虑。大女儿 2015 年 9 月出生，当时没有房子，由我父母抚养，3 岁多时我才接回来上幼儿园。对大女儿的亏欠让我决定二胎一定要带在自己身边。二是原教务主任职务被卸下来，8 年学前教育经验来做一名普通幼儿园教师我感觉还是能够胜任。所以我把一部分精力分配到家庭，每天工作完后就是孩子，每天除了孩子还是孩子。但是，半年下来我发现不仅自己十分辛苦，工作也没有太大起色。

安于现状现象的突破得益于她后来被派去西北师范大学参加了为期三个月的"国培"。这次"国培"项目让她收获很多，她回忆道：

这三个月的学习让我通过和全国其他地方的幼儿园教师的交流，明确了自己和他们之间的差距，也萌发不断进步的冲动。而且，在此期间我明白了幼儿园教师需要哪些素养、为何需要这些素养以及如何运用这些素养。我逐渐懂得一个幼儿园教师品格对儿童发展的重要性。更为重要的是在这次国培项目中，我主动在兰州的 XX 幼儿园上了节公开课，得到了专家和一些骨干教师的点评和建议。这些点评和建议影响了我以后的教学与管理。此外，我还学会了写小课题和论文，以科研促教。这对于我整理和分享自己的经验，开展以科研促教、以评促教等都有很大帮助。

4. 职业成熟期的教育管理

2017 年 5 月 M 教师被调整为副园长，并于 2017 年 11 月被任命为园长。身份的变化引发了生态环境的变化。首先，活动变得更加复杂。活动内容拓展到教学管理：以前自己只要考虑一个班，现在需要考虑和权衡一个园，要考虑幼儿园的日常管理、幼儿园的发展规划等。活动结构更复杂：以前只要安静、努力做好自己本职工作，现在要统筹全园；以前只要考虑班级孩子们的发展，现在还要考虑全园幼儿园教师的发展。活动的心理动量越来越大：以前只需要反思自己的教育实践，现在还要反思自己的管理行为，甚至还要去引导幼儿园的老师对学前教育规律和意义的认识。发展主体所感知的心理场越来越复杂：以前只需要协调自己所带的班级，协调自己和幼儿园教师的关系，现在还需要协调全园的师生关系、全园老师的关系、全园不同部门之间的关系，幼儿园与其他幼儿园，以及与上级主管部门的关系。任务越来越重，困难越来越多，压力也越来越大。其次，人际关系更复杂。以前只要考虑与孩子们的关系、与幼儿园其他老师的关系，现在自己还需要和不同人接触，如其他幼儿园教师、上级主管部门领导等。此外在与环境的交互中，幼儿园管理者角色被建立起来，M教师与管理者角色的感知、活动和人际关系模式逐渐一致，变得更理性、更合乎规律。在对新环境的认识和建构中，M教师的能力和素质得到更大的发展，自己的教育经验也逐渐升华为理论层面，正如她对教育情怀的理解：

在做幼儿园教育管理期间，我常常思考教育理想、教育情怀。我认为做教育要有一定情怀，我也常这样去引导我们幼儿园的教师。虽然学前教育的条件越来越好，南疆幼儿园条件相对而言还是比较艰苦，老师们压力很大。但工作总得有人来做，我常常给我们园的老师说，做教育要有一定情怀。我们都在教育第一线上奋战，我们就是国家惠民教育的宣传旗帜。把国家的学前三年普惠性教育落实好、落实到位就是我们每一个在南疆教育工作战线上的人应该做的事。

在规律性、连续性发展节点上，M教师的品格优势在与环境的交互作用中得到发展，但人的发展并不一定是规律的、连续的，不是单一、静态和线性的发展历程，有时也有"顿悟"、"遭遇"和"豁然开朗"等非连续性发展历程。由此看来，仅从规律性、连续性发展节点上谈发展不完全符合幼儿园教师品格优势发展的真实样态，幼儿园教师品格优势发展的实际样态也包含非连续性发展节点中人与环境的交互作用。

5. "被逼"的教学比赛

印象比较深刻的一次教学比赛是我在 2017 年 4 月参加了县教育局组织的语言领域活动的公开课比赛。虽然有一定工作经验，但参加县里公开课比赛还是十分紧张。因为这样的比赛不仅仅代表个人，而是代表整个幼儿园。参加比赛的都是各幼儿园的骨干教师，工作年限长、经验丰富。我很期待自己能够很好地发挥，但又怕自己经验不足，不能够给单位争光。

M 教师认为这次教学"比武"是被逼的，因为参加教学"比武"冲击了她原有的教学秩序和教学强度，她也曾出现不同程度的焦虑、紧张和压力。后来经过刻苦钻研，并在专家的指导和同事的帮助下，她不断磨炼自己的教学能力与技巧才完成了此次教学"比武"。

当时园长多次开导我不用太紧张，只是出去学习其他幼儿园先进经验，名次不重要，不用给自己太大压力。而且，园长还带着园里教学骨干多次帮我分析讲义和构思，并安排两名骨干教师和我一起完善授课内容，一名教师给我配课。经过四五次磨课之后，园里组织了一次试课，效果还不错。

教学"比武"不仅倒逼 M 教师不断进取，更为重要的是，教学"比武"让她的视野更开阔，成功的体验让她坚定对自己的认可，对自己的能力更自信，坚定自己奉献于学前教育事业的信念。

九名参赛选手中我拿了二等奖，但收获远大于奖项本身。其一，比赛交流让我体验到自己幼儿园和城市幼儿园在教育上的差距，这为我后面在本园展开教育、教学活动提供了宝贵经验。一些先进教学理念也不断被引入我们幼儿园，幼儿园教师的教学设计不断成熟（当时承担教务主任一职）。其二，比赛后我成了幼儿园教师中令人瞩目的对象，也感觉自己一下子成长了很多。更为重要的是，从那之后我对自己的要求更严、更全面，更愿意在学前教育事业中奉献出自己的力量。

（二）M 教师叙事的主题分析

M 教师的叙事不但反映出幼儿园教师品格优势发展与活动、教师自身特征和环境有关，还表明活动的变化是引起幼儿园教师品格优势发展的关键原因，而教师自身特征和外部环境又会促进或阻碍活动的变化。

1. 活动的变化引起品格优势发展

从职业适应初期的少数民族国家通用语言教育到职业成熟期的教育情怀式管理，与 M 教师品格优势有关的活动表现出以下几方面特点：（1）活动种类越来越多。M 教师从起初专注于幼儿国家通用语言水平的提高，逐渐发展到能够有效地解决师幼互动、家园互动问题，最后到幼儿园日常管理、幼儿园发展规划等。（2）活动结构越来越复杂。以前 M 教师只要努力做好自己的本分工作，逐渐到管理全园教师、统筹全园日常事务。（3）活动的心理动量越来越大。心理动量表现为发展中的人参与活动的主动性、注意力水平以及对干扰的抵抗能力等。[1]随着职业发展，M教师在与品格优势发展有关的活动中越来越主动，越来越专注，越来越有能力减少或减缓不利环境对自身品格优势发展的影响。（4）感觉到的心理场也越来越复杂。以前M教师只需要协调自己所带班级、协调自己和幼儿园教师的关系，现在还需要协调全园师生关系、全园教师关系、全园不同部门间关系、幼儿园与其他幼儿园，以及幼儿园与上级教育管理部门的关系。随着活动种类越来越多、结构越来越复杂，心理动量越来越大、所感知的心理场越来越复杂，与品格优势发展有关的活动动力性也越来越大，从而推动其品格优势发展。简而言之，活动越复杂、活动的动力性越大，越有助于幼儿园教师品格优势的发展。

2.教师自身特征促进活动的变化

从普通幼儿园教师到幼儿园园长，教师自身特征也在不断变化。其一，教师的需要特征不断由低级往高级发展，从生存需要发展到自我实现需要，而更高层级需要的满足又要通过更复杂的活动来实现，所以活动也会变得更加复杂，活动的动力性也越来越大。其二，不断复杂的活动对幼儿园教师自身资源条件的要求越来越高。为使活动顺利进行，教师又需要不断发展其智慧、人性和意志力等方面资源，所以可利用的资源也会

---

[1] BRONFENBRENNER U. The ecology of human development: Periments by nature and design[M]. Cambridge, MA: Harvard University Press, 1979: 26-28.

越来越多。反过来，随着自己可利用的资源增多，教师也有能力去从事更加复杂的活动，活动的动力性也会变大。其三，随着教师自己职业的不断发展，其动力特征也从感到自己劳动有价值逐渐发展到教育理想和教育情怀，这些变化让 M 教师感到实现了自身价值，她的行为也从他律等外部驱动逐渐转变为自律、自觉行为，进而成为活动持续发展的动力。总而言之，教师自身特征的变化促使活动动力性逐渐变强，活动变得更复杂。教师持续地参与活动之中会产生相应的知识、能力和动机，会引起教师更高水平功能的发展，而这些又反过来促使教师在其他情境中发起类似的活动从而获得发展。

3. 环境促进活动的变化

环境对活动动力性的影响主要通过克分子活动、人际关系和角色的变化来实现。首先，M 教师由职业适应期的幼儿、幼儿家长、幼儿园同事、幼儿园等微观系统拓展到亲密的师幼关系、亲师关系、家园合作等中间系统。尤其是在职业成熟期担任园长职务后，她需要协调幼儿园与其他幼儿园、幼儿园与上级教育管理部门的关系，外在系统和宏观系统对其品格优势产生重要影响。随着环境的变化，克分子活动的动力性越来越大。其次，人际关系结构也逐渐从观察的双人关系（如发现孩子们国家通用语言水平较低难以沟通）过渡到联合活动的双人关系（如教师和孩子们在交互作用中学习语言），再到基本双人关系（如教师和孩子们建立深厚情感联系），人际互动模式越来越复杂、情感联系越来越强烈和持久。最后，M 教师经历了从普通幼儿园教师到幼儿园园长不同角色的转换，与角色有关的行为和期望也会发生变化。这种变化促使她面临新的克分子活动、新的人际关系以及新角色的挑战，在新的适应过程中发展由此产生。所以，随着环境的日益复杂，克分子活动的动力性越来越大，人际互动模式越来越复杂、情感联系越来越强烈和持久，角色定位愈发清晰，从而活动的动力性越来越大，也越有助于促进幼儿园教师品格优势的发展。

M 教师的叙事进一步反映出，幼儿园教师品格优势发展是由于活动的变化引起的，活动越复杂，活动的动力性越大，越有助于推动幼儿园教师品格优势的发展。通过对 M 教师叙事的纵向比较以及 L、M 两位教师的横向比较，本研究已初步探明幼儿园教师品格优势生态化发展机制，即幼儿园教师品格优势在人与环境的交互作用中发展，活动的变化是幼儿园教师品格优势发展的动力，而教师自身特征、外部环境和时间是品格优势发展的动力来源。为进一步验证幼儿园教师品格优势生态化发展机制，本研究后续又访谈了 D 教师，通过她的叙事来检验前期建构品格优势生态化发展机制的合理性。

三、职业发展顺利的 D 教师叙事与主题分析

D 教师现年 35 岁，幼教管理专业，曾提及希望把自己 15 年来的学前教育经历总结出来。D 教师一毕业就进入某军区政治部幼儿园，4 年后由于结婚，她通过考试来到 XX 县幼儿园，在工作中的第 10 年被调至 XX 镇任园长一职。她有 10 年城市幼儿园工作经验和 5 年农村幼儿园管理经验，目前是一级教

师。她有幼儿园教师、教研组长、教务主任、副园长和园长工作经历，曾获得国家级奖项 5 项（教师技能大赛一等奖 2 项，学术论文奖 3 项）、省部级幼儿书画大赛优秀指导老师 1 项，也曾获得县级"优秀共产党员""优秀教育工作者""先进工作者"荣誉称号各 1 次。

D 教师也是"国培计划"班里的一名学员，选择她作为叙事研究对象是由于她的职业发展顺利、发展路径清晰。她经历了从普通幼儿园教师—教务主任—幼儿园园长—新幼儿园园长的职业发展经历，能够为本研究提供丰富信息，也可以和 L、M 两位教师的叙事进行横向比较。2019 年 5 月 5—7 日连续 3 晚上在学校独立办公室对 D 教师进行访谈。从她的叙事中整理出 5 件与品格优势发展有关的活动和事件，其中 4 件发生在连续性发展节点上，1 件发生在非连续性发展节点上。

（一）D 教师的叙事

1. 职业初期的快速适应

D 教师是一个典型科班出生的幼儿园教师。2005 年学前教育毕业的她经过层层筛选后进入某军区政治部幼儿园工作。年轻的她带着阳光和朝气从学校毕业进入幼儿园工作，突然听到孩子们称呼自己为老师，那一刻她觉得作为一名幼儿园教师很自豪。但职业适应初期也同样面临适应问题，从大学校园到幼儿园环境的不适应，从受教育者到教育者角色的不适应，从大学校园单纯的同学关系到幼儿园复杂人际关系的不适应，从理论知识到教学实践的不适应，感觉自己在学校学习到的理论知识无法施展，无法解决教育实践中的实际问题。

　　我在大学学习的是理论知识，可到了幼儿园面对一个个天真活泼的幼儿时，如何将学到的理论知识转化为学前教育实践智慧是我刚上班时最大的困惑。这些困惑是在大学没有学习过也没有经历过的，刚开始每天都会有不同问题出现。

　　那些对人发展产生意义的环境部分是影响人心理发展历程的强大力量，而其中的意义与人的主观体验不可分割。D 教师认为自己初任幼儿园教师的快速适应离不开"师傅"的帮助。

　　从学校毕业后进入幼儿园工作，很庆幸的是我遇到了我的主班老师 XX 老师，是她成就了现在的我。刚搭班时她是主班，我是配班，很多工作都是我配合她去完成。她既像姐姐又像妈妈一样呵护着我、照顾着我、教授着我。在搭班中，我从她身上体会到了什么是人格魅力，什么是责任，什么是爱，什么是耐心和毅力。

　　以前毕业的学姐们也都是我的启蒙老师。从她们那里我理解了作为一名新教师该如何与儿童相处，如何与老教师相处，如何与同事友好相处。

　　人类行为和发展的外部因素很难简单地用客观物理特征和事件来阐述清楚，事实上环境对人发展的影响与人的主观体验密不可分，会随着人对它的态度和探索方法的变更而具有不同的内涵。❶ 正是由于 D 教师体验到外部环境的支持，体验到外部环境对她发展的意义，所以外部环境的支持成为她快速适应幼儿园生活的强大力量。

在很多事情的处理上，我得到了很多发展的机会。半年后的一次家长会（每学期开学都会召开家长见面会），XX 老师让我主持，她配合我。一般而言，对于这样的场面配班老师只是作为配合主班老师在一旁打下手，但我却很早就得到了锻炼机会。XX 老师告诉我谁都有第一次，只要迈出第一步你就成功了。在她的鼓励支持下，我第一次认真地主持了家长会。虽然很紧张，但是经过 XX 老师悉心的指导与帮助，我在很多事情上做到了独当一面。正是 XX 老师的指导和帮助让我快速成长为一名合格的幼儿园教师。

D 教师接着分析她能够快速适应幼儿园学习和工作的原因。

父亲是林业管理局一名普通职工，有责任心，做事情有毅力，能吃苦耐劳。母亲经营服装摊位，温柔、善良、开朗。我是家里的老大，小时候家里很多事情都是我帮着做，所以独立、吃苦耐劳、毅力、责任等品格大多在这一时期养成。我的性格像妈妈，温柔、善良、开朗，这些性格上的优势让我能够

---

❶ BRONFENBRENNER U. The ecology of human development: Periments by nature and design［M］. Cambridge, MA: Harvard University Press, 1979: 23-24.

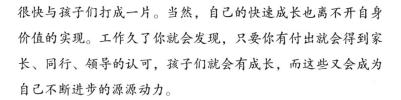

很快与孩子们打成一片。当然，自己的快速成长也离不开自身价值的实现。工作久了你就会发现，只要你有付出就会得到家长、同行、领导的认可，孩子们就会有成长，而这些又会成为自己不断进步的源源动力。

2. 职业发展期教务主任角色的树立

城市幼儿园工作 4 年后，2009 年 D 教师由于结婚而从大都市返回自己家乡 XX 县任幼儿园教师，并于次年凭借自己在第一所幼儿园积累的工作经验竞聘上幼儿园教务主任职务。在职业发展期经历了从教师到管理者身份的华丽转变，那一年她23 岁，是幼儿园中最年轻的中层领导，但她的职业发展道路并非一帆风顺。

刚开始老教师不服气。一个 23 岁小姑娘带领一帮比自己大很多的幼儿园教师开展教育教学工作的确有困难。大多数老师对我的管理水平持怀疑态度，所以刚开始分配工作和任务很困难。

一次县教育局举办的幼儿园教师技能大赛让 D 教师的管理困境有了转机。

我主动报了名，并通过层层选拔荣获了第一名。从那时候开始，园里的老师对我的态度有了转变，认可我是专业的幼儿园教师，有理论水平和专业技能。

人在与环境交互作用中发展，环境在影响人发展的同时也受到人的影响。D教师通过一次教学"比武"主动建构了适应自己发展的新环境，降低了原环境对自身的不利影响。

当然，这些困难的克服也离不开自己的品格特点。第一，我的学习能力还不错，做教务主任的同时我从未放弃业务学习。第二，我年轻、有活力、充满希望，遇事身体力行。第三，谦卑、自制、有毅力，同时善良、公平，管理中对事不对人，慢慢地也能够与园里老师打成一片。更为重要的是，我的工作得到了教学副园长的大力支持。副园长能力很强，在工作中她是我的领导也是我的知心朋友，她带领着我和老师们在学前教育路上摸索前行；在生活中她是我的知心姐姐，无论遇到什么样的问题都能给我好的建议。她担任教学副园长，我担任教务主任，我们两人为了同一个热爱的职业走到了一起，努力着、奋斗着。我们之间没有距离感，只要聊到工作、教育教学的事情就会滔滔不绝。在工作中我们有默契也会有不同的意见与见解，但是很快我们就能够达成共识朝着一个目标前进。每当在一起聊到幼儿园的发展与变化、如何促进教师们专业提升、让我们的学前教育有所改变的时候，我们就会像打了鸡血一样兴奋。她总是那么自信和执着，从她身上我看到了什么是爱一行钻一行，时光从不曾磨灭她的教育热情，是她的执着与热爱使我更加坚定了做一名教育守望者的信念。也正是她对学前教育的执着与热爱，使我更加坚定信念要以一颗忠诚于党的事业之心、一颗爱护幼儿的诚挚之心、一颗热爱美好生活之

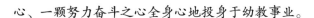

心、一颗努力奋斗之心全身心地投身于幼教事业。

3.职业反思期职业倦怠的突破

2013 年是 D 教师任职教学副园长的第二年，两年来重复的教学管理（教学安排、班级分配、听评课等）让她感觉自己在打杂一样，没有时间静下来搞教学、搞科研（此前，她曾获过全国幼儿园教师职业技能大赛、国家级学术论文大奖），她觉得自己在主业上停滞不前，甚至倒退。而且，管理工作挤占了她大量的时间、精力和情感，她长期处于焦虑和急躁状态，身心健康受到威胁。

工作到了一定年限可能会出现职业倦怠和瓶颈。从事教学副园长时我明显感觉自己在吃老本，业务停止不前，似乎再努力也难以有多少起色。此时，由于工作量大，身心也出现异常。我每天都会头疼，感觉工作压力大，回到家后没有精力照顾孩子。而且工作上烦心的事也多，导致脾气大，在家里出现不愉快的事情就会发脾气。那段时间工作一团糟、生活一团糟。

从生态学视角来看，这反映了 D 教师职业发展过程中的局部生境效应。局部生境效应也被称为"花盆效应"，它是指由于人为地创造出非常适合其生存和生长的环境条件，花盆内的生物会变得很安逸、很满足，一旦离开小生态环境，就很难维持其生存和持续发展。❶ 一样的工作，努力做是那样，不努力做还是那样，D 教师的工作热情逐渐消退，职业倦怠逐渐凸显出来。职业反思期节点上困境的突破首先得益于她的继续学习。

2013 年我被派送到徐州市参加"幼儿园新任园长"培训，2014 年参加长春市"全国幼儿园骨干园长高级研修班"培训。两次外出培训使我在业务能力和品格修养上都获得了质的突破，也为后来成为研究型教师奠定了基础。

其次，困境的突破还得益于自身调节。

我查阅了很多有关家庭与工作平衡的资料，逐渐意识到家庭与工作需要分开。从那以后我不断调整自己心态，在工作中寻求释放压力的方法，让工作变得开心有动力，回到家后不去想工作，安心地将家庭中的事情处理好，不断探索处理好工作与家庭关系的最佳模式。

最后，困境的突破得益于自我突破。

此阶段的我已有了一定的理论积累和较丰富的实践经验，对幼儿的了解也较多元。我时常想将自己的一些实践成果转化为知识或能力。在此之后，我撰写了两篇学术论文，且两篇论

---

❶ 范国睿 . 教育生态学 [M].北京：人民教育出版社，2000：63-64.

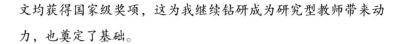

文均获得国家级奖项，这为我继续钻研成为研究型教师带来动力，也奠定了基础。

4. 职业成熟期研究型教师的形成

任职3年县级幼儿园园长职务之后，在参加工作后的第十年D教师被调入新建的镇级幼儿园任园长一职。她自认为这是她人生的一个转折点。此时她已有了较丰富的理论积累和实践经验，也有能力从烦琐的管理事务中抽出时间继续钻研成为一名研究型教师。

在任职新幼儿园园长期间，我有两篇学术论文获得国家级论文一等奖，这些奖项的获得让我感觉这些年来的学前教育、学前教育管理的实践是有意义和价值的。要不断寻求理论学习和实践模式的突破，这样才能更有效地往更专业的方向发展，才能迎接一个崭新的自己，才能朝更幸福的方向努力，才能让教育成为融入我们内心的一份快乐。在此期间，我还重新思考了幼儿园教师的幸福感在哪里。我认为，职业幸福感缘于可以自由发挥自己才能，缘于富有个性地实现职业理想的一种积极状态。简单的职业本身带来的幸福显然不足以满足成熟期幼儿园教师的心理需求，一定要不断追求和继续突破。我逐渐意识到幸福缘于自我价值的实现。

5. 教学比赛中的协作

印象比较深刻的一次教学比赛是我代表军区政治部幼儿园参加兰州军区组织的观摩教学比赛。从未参加过这么大型的比赛，其实心里还比较忐忑。我是否有能力代表幼儿园参加比赛？万一我拿不上奖怎么办？

D 教师回忆起那次教学比赛。教学比赛的不期而遇冲击了她原本的秩序并中断了原本连续性发展路径，也给她的工作和生活带来了焦虑，但经过努力她最终在教学比赛上取得比较好的成绩。她分析那次教学比赛成功的原因时说：

一是领导重视。任务下派后，教学园长召集全园骨干教师开会商讨教学活动设计。老师们对教学设计的每一环节进行了讨论，确定了教学设计的主体框架和主要内容。二是专家悉心指导。在比赛的教学活动设计上，幼儿园领导请了天山区教研室的专家对教学活动设计和录制后的课程进行了两次全面指导。三是同事们的支持与帮助。当时三位主要骨干教师帮我不断地磨课、听课分析，长达半个月的时间才进入录制过程，可以说没有大家共同的努力最后也不会有我设计的这节教学活动。

从 D 教师的叙事中可以看出，教学比赛的成功与幼儿园同事、专家的团结协作不可分割。领导重视、专家指导、同事们支持与帮助避免了教师个人的自我封闭，突破了教师个人努力的边界和原有眼界，实现了教师自身能力的提升。这次教学比赛对她后面的职业发展也产生了重要影响。

后面我在做教学副园长时也在自己幼儿园建立了学习共同体。我把幼儿园教师分为不同年级组、各年级组下面又细分不同教研组。通过公开课磨课、集体备课等形式让教师们相互学习、共同成长。

（二）D 教师叙事的主题分析

1. 活动促进品格优势发展

虽然 D 教师职业发展比较顺利，但背后却映射出她在每一发展节点上的准备与努力，以及外部环境的支持。每一个连续性发展节点的突破和每一次非连续性节点的危机化解都在活动中进行。由 D 教师的品格优势发展过程可知，与品格优势发展有关的活动种类越来越多、结构越来越复杂、心理动量越来越大、所感知的心理场越来越复杂，活动的动力性也就越来越大。面对日益复杂的活动要求，D 教师需要主动直面困境、迎接挑战，适应和建构与其相适应的生态环境，也因此产生了相应的知识、能力和动机，使她能够在新环境中发起类似活动，进而促进其品格优势发展。

2. 教师自身特征是品格优势发展的动力来源

活动对身处其中的人而言并不是固定不变的，相反会因人自身特征的差别而具有不同的内涵。在职业发展的不同阶段（普通幼儿园教师—教务主任—幼儿园园长—新幼儿园园长），教师自身特征在变化。需要特征从起初的满足自身发展需求逐渐转变为实现学前教育、学前教育管理的实践价值，实现自己的职业理想，达到自我价值的实现。知识、能力和经验等资源特征也在学前教育和幼儿园管理中获得发展。动力特征也从外在动机激发（幼儿、幼儿家长、幼儿园管理者的认可和支持）不断内化为职业理想、职业幸福等自律、自觉行为。自身特征的变化使活动的动力性越来越大、活动更复杂，D 教师越来越有能力在新情景中发起类似活动，进而促进其品格优势在日益复杂的活动中获得发展。

3. 外部环境是品格优势发展的动力来源

环境的变化会引起活动动力性的变化，外部环境是幼儿园教师品格优势发展的动力来源。一方面，随着教师职业不断发展，环境中的克分子活动愈发复杂，人际关系范围不断扩大，人际交往互动模式越来越复杂。而且，从普通幼儿园教师到教务主任，再到幼儿园园长角色的转换，也使与角色有关行为和期望发生变化。环境的变化引起的活动越来越复杂，活动的动力性也越来越大。另一方面，在人与环境的交互作用中，人会改变和调整自己的行为来适应当前环境，或以自己的方式去变更和建构适合自己发展的新环境。环境的变化促使 D 教师面临新的克分子活动、新的人际关系以及新的角色挑战，在新的适应过程中其品格优势获得发展。

第二节　幼儿园教师品格优势生态化发展的机制

三位幼儿园教师在不同职业发展阶段经历了不一样的活动，但这些活动都在人与环境的交互作用中促进或阻碍幼儿园教师品格优势发展。三位幼儿园教师叙事的横向比较和每位幼儿园教师叙事的纵向比较结果表明，在幼儿园教师品格优势发展过程中，人与环境交互的形式——"最近过程"是品格优势发展的动力，幼儿园教师的需要、资源和动力特征，外部环境和时间影响"最近过程"的内容、方向和效力，是品格优势发展的动力来源。

一、品格优势在幼儿园教师与环境的交互活动中发展

三位幼儿园教师叙事的纵向比较表明，幼儿园教师品格优势在人与环境的交互活动中发展。孩子们听不懂国家通用语言、家长不理解学习国家通用语言重要性、同行对农村学前教育的不坚守，L教师在职业适应初期面临艰难的职业选择。但是她以自己的方式适应彼时环境，甚至变更和建构适合自己发展的新环境。她一边不断向有经验的老教师虚心求教、与孩子

们打成一片、虚心向孩子们学习维吾尔语，一边又在行动中不断反思与孩子、与幼儿家长交流的方式和方法，不断提高自己"入乡随俗"能力。在活动中她的勇气、毅力、信念、创造力、思维、反思力、善良、希望等品格优势得到发展。M教师的品格优势也在自己与环境的交互活动中发展。她从起初专注于幼儿国家通用语言水平的提高，逐渐发展到能够有效地解决师幼互动、家园互动问题，最后发展到幼儿园日常管理和制定幼儿园发展规划。在此过程中，活动种类越来越多、活动结构越来越复杂、活动的心理动量越来越大，她在与品格优势发展有关的活动中越来越主动、越来越专注、越来越有能力减少或减缓不利环境对自身品格优势发展的影响。D教师在职业适应初期快速树立起幼儿园教师角色并第一次主持了家长会，在主持家长会的过程中，她的思维、洞察力、反思力等智慧品格优势获得发展，家长会也会面临各种突发状况和问题，在此过程中其勇气、毅力、自制等意志力方面品格优势也获得提升。在职业发展期，她经历了从普通教师到教务主任角色的转变，带领全园教师开展教育教学活动。而且她通过一次教学比赛主动建构了适合自己发展的新环境，降低了原环境对自己的不利影响。在职业成熟期，她获得教师技能大赛、学术论文等国家级奖项，通过科学研究她实现了从专业教师到研究型教师的转变。在科学研究中，她的创造力、思维、好奇心、反思力等智慧品格优势得到提升，同时科学研究也让她对教育理想、教师幸福有了更深入的了解。

由三位幼儿园教师各自叙事的纵向比较可知，品格优势发展是人与环境交互作用的结果，活动是幼儿园教师品格优势发展的载体。第一，随着幼儿园教师职业发展，与幼儿园教师品格优势发展有关的活动种类越来越多。第二，幼儿园教师在活动中完成的目标越来越多，活动持续的时间越来越长，活动结构越来越复杂。第三，幼儿园教师在活动中越来越主动、越来越专注、抗干扰能力越来越强，活动的心理动量也越来越大。第四，活动人数越来越多，幼儿园教师感觉活动比以前更复杂，幼儿园教师所感知的心理场也越来越复杂。以上四方面会使活动的动力性越来越大，这就要求幼儿园教师不断融入环境之中并实现对环境、自己与环境关系的认识，从而能够在新环境中发起类似活动。在与环境的交互作用中，幼儿园教师需要不断去适应、变更，甚至建构新的适应性环境来促进其自身品格优势发展，从而在与环境的交互作用中产生相应的知识、能力、动机，幼儿园教师品格优势发展便会由此产生。

但有时候活动也会阻碍幼儿园教师品格优势发展。L教师在职业发展期经历了换工作的挫败和生育养育孩子的阵痛，这些活动成为她品格优势发展的阻碍。在调换工作单位后，她每天忙碌地重复着相同事情，活动内容、活动结构、活动的心理动量、所感受到的心理场复杂性几乎没有多大变化。虽然角色、情景都发生了变化，人的生态位也随之变化，但她未能够主动适应、变更和建构新的适应性环境，所以发展难以产生。此外，生育和养育孩子消耗了她大量时间和精力，也因此降低了她对工作和自身发展的期待，在一定程度上也延缓其发展进程。对孩子养育的遗憾和自责，平衡家庭与工作的失败，让她的消极体验比较明显，而消极体验反过来会使她的注意、认知、行动范围变窄，难以从多角度去思考行为的可能性，也没有更多的资源来更好地处理问题，从而阻碍其品格优势的发展。上述结果表明，在简单重复相同的活动中，活动内容、活动结构、活动的心理动量，以及幼儿园教师所感知的心理场复杂性没有多大变化，所以活动的动力性没有多大变化，这就会导致幼儿园教师失去发展动力，从而阻碍幼儿园教师品格优势发展。虽然幼儿园教师所承担的角色、面临的环境都有可能发生变化，但由于缺乏发展动力，教师不太可能去适应、变更或建构新的适应性环境，也因此在活动中难以产生相应的知识、能力、动机，幼儿园教师品格优势发展也就难以产生。

综上，无论是三位幼儿园教师叙事的横向比较还是每位幼儿园教师叙事的纵向比较，结果都表明，虽然幼儿园教师在不同职业发展阶段会面临不同活动，但这些活动都在人与环境的交互作用中促进或阻碍幼儿园教师品格优势发展。活动内容、活动结构、所感受到的心理场越复杂，活动的心理动量越大，活动的动力性就越大，越能够促进幼儿园教师品格优势发展。反之，活动内容、活动结构、活动的心理动量、所感受到的心理场复杂性变化不大，幼儿园教师难以融入环境之中并实现对环境、自己与环境关系的认识，也难以在新环境中发起类似活动，从而在一定程度上也会延缓幼儿园教师品格优势发展进程。

二、"最近过程"是幼儿园教师品格优势发展的动力

幼儿园教师品格优势在人与环境的交互活动中发展，发展潜力会随着活动的动力性（活动内容、活动结构、所感受到的心理场的复杂性以及活动的心理动量）的增大而变大。幼儿园教师品格优势发展也遵循维果斯基的"最近发展区"理论。该理论认为，人有现有和潜在（可能的发展水平）两种发展水平，现有发展水平和潜在发展水平的差距被称为最近发展区。教育应当立足于个体的最近发展区，并不断将最近发展区转变为个体现有发展水平，进而促进个体进行下一个最近发展区发展。幼儿园教师品格优势发展过程也一样。幼儿园教师品格优势在与环境的交互活动中发展，人与环境的交互作用形式——"最近过程"的复杂性不同。在每一次发展中，幼儿园教师在现有活动的基础上完成一个更为复杂的活动，然后再以此为基础完成更加复杂的活动。为了完成更加复杂的活动，幼儿园教师需要不断提升其自身发展需要，进而引发对更复杂活动的期待。在此过程中，幼儿园教师也需要更多的资源条件来维持和完成复杂活动的运作，还需要意志力等动力特征来维持活动的持续运转和发生作用，进而产生更多知识、更高能力、更强动机来促使其在新环境中不断发起与品格优势发展相关的活动，从而获得发展。

由三位幼儿园教师各自叙事的纵向比较可知，随着职业发

展，每位幼儿园教师所经历的与其品格优势发展有关的活动越来越复杂，具体表现在：（1）活动种类越来越多，从起初的少数活动发展到同时进行多项持续性活动；（2）活动结构越来越复杂，幼儿园教师在活动中完成的目标越来越多，从管理自己班级到管理整个幼儿园；（3）活动的心理动量越来越大，幼儿园教师参与活动的主动性、注意力水平以及在活动中抗干扰的能力越来越强；（4）幼儿园教师所感知的心理场越来越复杂，涉及的人际关系越来越复杂、涉及其他环境中的事件越来越多，由起初处理好师幼关系拓展到处理自己与幼儿家长之间的关系，甚至需要处理更多、更广泛的人际关系。如此一来，活动的动力性也越来越大，"最近过程"越来越复杂。为了自身品格优势发展，幼儿园教师必须面临挑战、学会适应，不断地变更和建构新的适应性环境来维持和完成更为复杂的活动。相反，简单的重复活动不足以引起幼儿园教师品格优势的发展。L教师换工作中经历的挫败表明，在调换工作单位后，她每天忙碌地重复着相同事情，活动内容、活动结构、活动的心理动量、所感受到的心理场复杂性没有太多变化，从而降低了她对工作和自身发展的期待，导致其发展进程的延缓。因此，要想品格优势获得发展，幼儿园教师必须参与到人与环境的交互活动中，要想品格优势获得有效的发展，交互活动必须持续足够长时间以至于活动变得更加复杂。

总而言之，幼儿园教师品格优势是在现有人与环境交互活动的基础上完成复杂的活动，并以此为基础完成更加复杂的活动而获得发展。随着活动的日益复杂，幼儿园教师参与的活动种类越多、结构越复杂、心理动量越大、所感知的心理场越复杂，活动的动力性也就越大，"最近过程"也变得愈发复杂，其对幼儿园教师品格优势发展的作用也越大。因此，"最近过程"在幼儿园教师品格优势发展中占据核心位置，是品格优势发展的动力。

三、教师特征、环境和时间是幼儿园教师品格优势发展的动力来源

"最近过程"是幼儿园教师品格优势发展的动力，但"最近过程"自身不产生动力，它的动力来源于幼儿园教师自身特征、环境和时间之间的变化与相互作用。"最近过程"对幼儿园教师品格优势发展的影响会随着幼儿园教师自身特征、所处的环境以及活动发生时间的不同而在本质上迥然不同。

（一）教师自身特征不断发展，"最近过程"愈发复杂

需要特征、资源特征和动力特征是人类发展过程中最具影响力的个人因素。需要特征在活动之初生成对他人或者活动的期待，引发或抑制来自环境的反应，进而促进或阻碍最初活动的运作。知识、能力和经验等资源特征是活动发展的必要条件，资源特征不同，人能够改变环境的程度便不同。气质、行为倾向、持久性、意志力等动力特征使活动处于持续运转之中并维持活动发挥作用。需要特征、资源特征、动力特征三者不同的分化与组合构成了不同幼儿园教师自身的特征结构并影响

活动的内容、方向和效力。❶

　　随着职业不断发展，幼儿园教师的需要特征由低级需要发展成为高级需要，从改变活动现状的需要逐渐转变为实现自我价值的需要，从而引发对更复杂活动的期待。而且，教师可整合和可利用的资源越来越多，完成活动的条件也越来越充分。在与环境的交互作用中，幼儿园教师体悟到越来越多的积极体验，其意志力等动力特征也越来越强烈，更有能力使活动处于持续运转之中，保障活动对幼儿园教师性格优势发展的持续作用。简而言之，职业在发展，幼儿园教师的需要特征、资源特征、动力特征在改变，活动的环境也在改变，这些变化改变了即时的人与环境的关系。为适应、变更或建构新的适应性环境，幼儿园教师需要完成更复杂的活动，从而"最近过程"越来越广泛和复杂，它对幼儿园教师品格优势发展的作用也越大。

（二）外部环境不断拓展，"最近过程"愈发复杂

　　外部环境系统对幼儿园教师品格优势发展的影响是通过克分子活动、人际关系和角色的变化来实现的。❷在特定的角色中，幼儿园教师从事与角色有关的活动、建构相应的人际关系而获得发展。克分子活动是连接人的内在心理和外部环境之间的桥梁，通过克分子活动，幼儿园教师将自己的内在心理外化

❶ BRONFENBRENNER U. The ecology of human development: Periments by nature and design[M]. Cambridge, MA：Harvard University Press，1979：14–16.

❷ BRONFENBRENNER U. The ecology of human development：Periments by nature and design[M]. Cambridge, MA：Harvard University Press，1979：18–20.

到外部环境。幼儿园教师在参与和其品格优势发展有关的活动或注意到相关活动时，环境便成为其心理场的一部分，从而活动的动力性就会影响幼儿园教师品格优势发展。而且在注意或参与活动时会形成一种人际关系，如果人际关系对教师所从事的活动持积极、支持态度，那么它对幼儿园教师品格优势发展的潜力就会变强，反之则会阻碍幼儿园教师品格优势发展。品格优势发展是在承担的角色中展开，它通过角色活动影响着幼儿园教师做什么、如何做，甚至还改变幼儿园教师的思维和感受。

　　克分子活动、人际关系和角色作为外部环境的最小整体单位在特定环境中影响活动的动力性，使"最近过程"越来越广泛和复杂，发挥的作用越来越大，进而影响幼儿园教师品格优势发展。随着职业发展，幼儿园教师由职业适应期的幼儿、幼儿家长、幼儿园同事、幼儿园等微观系统拓展到亲密的师幼关系、亲师关系、家园关系等中间系统。尤其是三位幼儿园教师都担任了一定的幼儿园管理职务后，克分子活动的动力性越来越大，人际关系结构、人际互动模式越来越复杂，情感联系越来越强烈和持久。在此期间，幼儿园教师也发生了不同角色的转换，与角色有关的行为和期望也会发生变化。这种变化促使幼儿园教师面临新的活动、新的人际关系以及新角色的挑战，与幼儿园教师品格优势发展有关的活动也会越来越复杂，其动力性也越来越大，从而"最近过程"越来越广泛和复杂，发挥的作用也越来越大。

（三）时间不断推移，"最近过程"愈发复杂

随着时间（持续性、频率、时机等）的变化，幼儿园教师自身特征也在变化。幼儿园教师自身的需要特征不断发展成高级需要，可整合和可利用的资源也越来越多，持久性、意志力等动力特性也越来越强。自身特征的变化引发幼儿园教师对更复杂活动的期待，也有能力和条件维持更复杂活动的持续运转和作用。此外，幼儿园教师自身特征的变化会引起影响幼儿园教师品格优势发展的外部环境愈发抽象和复杂，从微观系统不断拓展到中间系统，甚至拓展到更广阔、更复杂的外在系统和宏观系统。这些变化改变了现有的幼儿园教师与环境的关系。为适应新变化，幼儿园教师需要适应或建构新的适应性环境，从而会产生相应的知识、能力和动机，形成一种引起幼儿园教师品格优势发展的动力。这种动力促使幼儿园教师通过更复杂的活动来满足其需要和适应不断变化的外部环境，从而影响与幼儿园教师品格优势发展有关活动的效力，"最近过程"在幼儿园教师品格优势发展中的作用越来越大。

总而言之，幼儿园教师品格优势在人与环境的交互作用中发展，品格优势发展是幼儿园教师和影响其品格优势发展的诸多环境逐渐相互适应的过程，是幼儿园教师和环境联合作用的结果。一方面，幼儿园教师不断融入环境，并实现对环境的适应和改造，甚至建构新的适应性环境；另一方面，环境又反过来影响幼儿园教师品格优势发展。在幼儿园教师与环境的交互作用中，"最近过程"在品格优势发展中处于核心地位，是品

格优势发展的动力。幼儿园教师持续地参与人与环境的交互活动会促使"最近过程"的作用越来越持久、"最近过程"越来越复杂，活动的动力性也越来越大，进而促进其品格优势发展。"最近过程"也会随着幼儿园教师自身特征、外部环境以及时间的变化而不同。随着时间的推移，幼儿园教师自身需要特征、资源特性、动力特征在变化。与其相适应的外部环境也在改变，外部环境中的克分子活动愈发复杂，人际关系功能愈发强大，角色定位愈发清晰。教师自身特征、环境和时间相互作用促使"最近过程"愈发复杂，成为幼儿园教师品格优势发展的动力来源。简而言之，幼儿园教师品格优势发展是人与环境交互作用的结果，"最近过程"是发展的动力，教师自身特征、环境和时间影响了"最近过程"的内容、方向和效力，是品格优势发展的动力来源。

第六章　幼儿园教师品格优势生态化发展存在的问题及原因

品格优势生态化发展机制研究的最终目的在于其应用。本章以幼儿园教师品格优势生态化发展的机制为基础，以前期建构的幼儿园教师品格优势结构模型及影响幼儿园教师品格优势发展的外部环境为依据编制测验，从幼儿园教师对自身品格优势的识别和运用、幼儿园教师对外部环境的意识和实际体验到的外部环境支持，以及在品格优势发展中幼儿园教师与外部环境的交互关系三方面探究当前幼儿园教师品格优势生态化发展中存在的问题并分析出现问题的原因。

第一节　幼儿园教师品格优势生态化发展存在的问题

一、幼儿园教师品格优势生态化发展调查的基本情况

幼儿园教师品格优势生态化发展机制表明，品格优势生态

化发展是幼儿园教师与环境交互作用的结果。在品格优势生态化发展中，品格优势识别和品格优势运用的平衡发展是品格优势发挥作用的重要条件，且品格优势生态化发展还离不开外部环境的支持以及幼儿园教师与环境的交互作用。❶依据幼儿园教师品格优势生态化发展机制，本研究从以下三方面来探索当前幼儿园教师品格优势生态化发展存在的问题并分析出现问题的原因。（1）品格优势内部结构中各品格优势发展是否平衡，即在幼儿园教师品格优势发展过程中智慧、人性和意志力美德发展是否平衡，幼儿园教师能否既识别自身品格优势又在具体情景中运用自身品格优势。（2）在品格优势生态化发展过程中，幼儿园教师的环境意识和实际体验到的环境支持是否平衡。（3）幼儿园教师品格优势内部结构与外部环境间关系是否平衡。

（一）研究对象

采用整群抽样在新疆维吾尔自治区 14 个地州市共选取 1000 名幼儿园教师进行幼儿园教师品格优势发展问卷测试。回收测验中有效数据 954 份，有效率 95.4%。其中，汉族占 51.32%、少数民族占 48.68%；从事学前教育工作 0~4 年占 63.84%、5~8 年占 17.71%、9~12 年占 12.16%、12 年以上占 6.29%；小班教师占 26.03%、中班教师占 31.96%、大班教师占 38.10%、学前班教师占 3.91%；男性占 7.20%、女性占 92.80%。

---

❶ ALLAN, B A. Balance among character strengths and meaning in life［J］. Journal of Happiness Studies,2015(16):1247–1261.

（二）研究工具

1.幼儿园教师品格优势识别问卷

在前期建构的幼儿园教师品格优势结构模型中，幼儿园教师包含创造力、好奇心、反思力等十六项品格优势，这十六项品格优势构成了幼儿园教师品格优势识别的测评指标。每项品格优势包含一个题目（a1~a16），所有题目均为有关幼儿园教学、班级管理、师幼互动、师幼关系等情景性行为语句，题目随机排列。作答方式为利克特式五点量表，要求幼儿园教师判断自己和题目中陈述事实的符合程度（"非常不像我"到"非常像我"），分别计1~5分，得分越高表明品格优势识别水平越高。经检验，幼儿园教师品格优势识别问卷中的题目区分度介于0.62~0.77，区分度较理想。问卷的内部一致性系数达到0.91，三个分测验的内部一致性系数介于0.76~0.79，问卷信度系数达到测量学要求。验证性因素分析结果显示，模型拟合指数 RMSEA 为 0.075、NFI 为 0.97、NNFI 为 0.97、CFI 为 0.97、IFI 为 0.97。结果表明，幼儿园教师品格优势识别问卷结构效度理想，符合测量学要求。

2.幼儿园教师品格优势运用问卷

品格优势运用问卷的结构和品格优势识别问卷完全相同，也以创造力、好奇心、反思力等十六项品格优势为测评指标。每项品格优势包含一个题目（c1~c16），所有题目均由品格优势识别问卷相应题目改编而成。例如，品格优势识别问卷中项目"我总是能想出新方法解决问题"，在品格优势运用问卷中则修改成具体行为（"用新方法解决问题"）。作答方式为利克特式五点量表，要求幼儿园教师判断自己运用题目中陈述行为的频率（"从不"到"总是"），分别计 1~5 分，得分越高表明幼儿园教师运用该项品格优势越频繁。经检验，品格优势运用问卷中的项目区分度介于 0.64~0.82，区分度较理想。品格优势运用问卷的内部一致性系数达到 0.92，三个分测验的内部一致性系数介于 0.78~0.83，信度系数达到测量学要求。验证性因素分析结果显示，模型拟合指数 RMSEA 为 0.080、NFI 为 0.96、NNFI 为 0.96、CFI 为 0.97、IFI 为 0.97。结果表明，幼儿园教师品格优势运用问卷结构效度理想，符合测量学要求。

3.幼儿园教师生态环境意识问卷

前期建构的幼儿园教师品格优势发展的生态环境系统包含微观系统、中间系统、外在系统、宏观系统四个子系统，幼儿、幼儿家长、幼儿园同事等十四个环境因子。这十四个环境因子构成了幼儿园教师生态环境意识的测评指标。每个环境因子为一个题目（b1~b14），题目随机排列。作答方式为利克特式五点量表，要求幼儿园教师判断每个环境因子对自己品格优势发展的影响程度（"非常不重要"到"非常重要"），分别计 1~5 分，得分越高表明幼儿园教师认为该环境因子对其品格优势发展的影响越大。经检验，幼儿园教师生态环境意识问卷中的项目区分度介于 0.76~0.89，区分度较理想。问卷的内部一致性系数达到 0.94，环境系统内部一致性系数介于 0.70~0.85，信度系数达到测量学要求。验证性因素分析结果显示，模型拟合指数 RMSEA 为 0.081、NFI 为 0.96、NNFI 为 0.96、CFI 为 0.97、

IFI 为 0.97。结果表明，幼儿园教师生态环境意识问卷结构效度理想，符合测量学要求。

4. 幼儿园教师生态环境体验问卷

幼儿园教师生态环境体验问卷的结构和生态环境意识问卷完全相同，也以幼儿、幼儿家长、幼儿园同事等十四个环境因子为幼儿园教师生态环境体验的测评指标。每个环境因子包含一个题目（d1~d14），题目均由幼儿园教师生态环境意识问卷相应题目改编而成。作答方式为利克特式五点量表，要求幼儿园教师判断每个环境因子对自己品格优势发展的实际支持（"非常小"到"非常大"），分别计 1~5 分，得分越高表明幼儿园教师体验到该环境因子对自己品格优势发展的支持越大。经检验，幼儿园教师生态环境体验问卷中的项目区分度介于 0.76~0.90。幼儿园教师生态环境体验问卷的内部一致性系数达到 0.96，四个生态环境子系统的内部一致性系数介于 0.79~0.88，问卷信度系数达到测量学要求。验证性因素分析结果显示，模型拟合指数 RMSEA 为 0.082、NFI 为 0.97、NNFI 为 0.96、CFI 为 0.97、IFI 为 0.97。结果表明，幼儿园教师生态环境体验问卷结构效度理想，符合测量学要求。

二、幼儿园教师品格优势识别和品格优势运用不平衡

品格优势发展的内部结构分析包括幼儿园教师品格优势识别和品格优势运用分析。品格优势识别和运用的平均值和标准差见表 6-1。对内部生态结构数据进行优势类别（智慧，人性，

意志力）× 方式（优势识别，优势运用）二因素重复测量方差。

表 6-1　品格优势识别与运用描述统计（N=954）

优势类别	优势识别		优势运用	
	M	SD	M	SD
智慧	3.91	0.58	4.04	0.63
人性	4.09	0.56	4.33	0.57
意志力	3.85	0.58	4.08	0.65

结果显示，类别主效应显著，$F(2, 1906) = 320.87$，$P < 0.001$，$\eta_p^2 = 0.25$，不同类别的品格优势存在显著差异。进一步事后检验结果显示，在幼儿园教师品格优势识别中，人性维度上评分最高，意志力维度上评分最低，人性维度上评分显著高于智慧和意志力，意志力维度上评分也显著低于智慧（$P_s < 0.05$）。在幼儿园教师品格优势运用中，人性维度上评分显著高于智慧和意志力、意志力维度上评分也显著低于智慧（$P_s < 0.05$）。方式主效应显著，$F(1, 953) = 152.97$，$P < 0.001$，$\eta_p^2 = 0.14$，优势运用的评分高于优势识别。二者交互作用显著，$F(2, 1906) = 35.89$，$P < 0.001$，$\eta_p^2 = 0.04$。进一步简单效应分析结果显示，智慧 [$F(1, 953) = 47.38$，$P < 0.001$]、人性 [$F(1, 953) = 183.45$，$P < 0.001$] 和意志力 [$F(1, 953) = 153.68$，$P < 0.001$] 中品格优势运用评分显著高于识别评分。结果表明，幼儿园教师在品格优势识别和运用方面都不平衡。在品格优势识别和品格优势运用上都表现为教师对人性维度识别和运用最好、智慧次之、意志力上较薄弱。此

外，教师在品格优势识别和品格优势运用上也不平衡，幼儿园教师对品格优势运用好于品格优势识别。

三、幼儿园教师环境意识和环境体验不平衡

品格优势发展的外部生态环境分析包括幼儿园教师对外部生态环境重要性的意识和外部生态环境的体验。环境意识和环境体验的平均值和标准差见表6-2。以外部生态环境数据进行环境类别（微观系统，中间系统，外在系统，宏观系统）×方式（环境意识，环境体验）二因素重复测量方差。

表6-2 生态环境意识与体验描述统计（N=954）

环境类别	环境意识		环境体验	
	M	SD	M	SD
微观系统	4.41	0.57	4.37	0.65
中间系统	4.44	0.60	4.39	0.69
外在系统	4.27	0.60	4.25	0.76
宏观系统	4.32	0.59	4.30	0.69

分析结果显示，生态环境类别主效应显著，$F(3, 2859) = 104.26$，$P < 0.001$，$\eta_p^2 = 0.10$，不同类别的生态环境之间存在显著差异。进一步事后检验结果显示，幼儿园教师认为生态环境对品格优势发展的影响中，中间系统评分最高、外在系统评分最低，中间系统评分显著高于微观系统、宏观系统和外在系统，微观系统评分显著高于宏观系统和外在系统，宏观系统评分也显著高于外在系统（$P_s < 0.05$）。幼儿园教师体验到

的环境支持中，作用大小依次为中间系统、微观系统、宏观系统和外在系统，且四种环境系统之间都存在显著差异（$P_S <$ 0.05）。方式主效应临界显著，$F（1，953）= 3.36，P = 0.067$，$\eta_p^2 = 0.01$，环境意识评分高于环境体验。二者交互作用不显著，$F（3，2859）= 1.99，P = 0.11$。进一步计划性比较结果显示，在微观系统［$t（953）= 2.18，P < 0.05$］、中间系统［$t（953）=2.51，P < 0.05$］上幼儿园教师在环境意识上的评分显著高于环境体验，而在外在系统［$t（953）= 0.99，P = 0.32$］和宏观系统［$t（953）= 0.84，P= 0.40$］上环境意识评分和环境体验评分差异不显著。上述结果表明，幼儿园教师在生态环境意识和生态环境体验上都不平衡。在生态环境意识和生态环境体验上都表现为幼儿园教师对中间系统的环境意识和环境体验最好、微观系统次之，对宏观系统和外在系统的环境意识和体验相对较弱。此外，幼儿园教师在生态环境意识和生态环境体验上也有不平衡，在中间系统和微观系统上幼儿园教师的环境意识好于环境体验，而在宏观系统和外在系统上幼儿园教师的环境意识和环境体验无显著差异。

四、幼儿园教师品格优势发展和环境交互作用不平衡

（一）重视与微观和外在系统的交互但与中间和宏观系统的交互不足

为考察生态环境意识与幼儿园教师品格优势的交互性，分

析生态环境意识对幼儿园教师品格优势发展的预测作用，分别以品格优势识别（智慧、人性、意志力）和品格优势运用（智慧、人性、意志力）为因变量，以生态环境意识（微观系统、中间系统、外在系统、宏观系统）为预测变量，采用多元回归分析检验幼儿园教师生态环境意识对品格优势发展的影响。经多重共线性检验，各生态环境子系统之间的容忍度小于 0.20，方差膨胀因子都小于 5.00，说明预测变量之间的多重共线性问题不严重，可以建立回归模型。回归分析结果见表 6–3。结果显示，生态环境中的微观系统、中间系统和外在系统三个环境子系统对幼儿园教师品格优势识别和品格优势运用有显著影响。

表 6–3　生态环境意识对品格优势发展的回归分析（N=954）

环境类别 智慧		优势识别			优势运用		
		人性	意志力	智慧	人性	意志力	智慧
微观系统	β	0.19	0.28	0.17	0.09	0.15	0.06
	t	3.05	4.54	2.79	1.48	2.55	0.89
	P	<0.05	<0.001	<0.01	>0.05	<0.01	>0.05
中间系统	β	0.04	0.11	0.04	0.09	0.23	0.15
	t	0.59	1.70	0.57	1.37	3.70	2.33
	P	>0.05	>0.05	>0.05	>0.05	<0.001	<0.05
外在系统	β	0.21	0.13	0.31	0.19	0.09	0.19
	t	3.73	2.30	5.46	3.40	1.68	3.31
	P	<0.001	<0.05	<0.001	<0.001	>0.05	<0.001
宏观系统	β	0.05	0.09	0.03	0.08	0.02	0.05
	t	0.92	1.63	0.60	1.47	0.44	0.96
	P	>0.05	>0.05	>0.05	>0.05	>0.05	>0.05

首先，生态环境意识显著正向预测幼儿园教师品格优势的识别。生态环境意识对智慧、人性和意志力品格优势识别预测模型中的决定系数分别为 0.14、0.17 和 0.16，说明智慧品格优势识别中有 14% 的变异、人性品格优势识别中有 17% 的变异、意志力品格优势识别中有 14% 的变异可由生态环境意识来解释。其中，微观系统和外在系统对智慧、人性和意志力品格优势的识别都有显著正向预测作用（$P_S < 0.05$），但智慧、人性和意志力受中间系统和宏观系统的影响较小（$P_S > 0.05$）。

其次，生态环境意识对部分幼儿园教师品格优势的运用有显著正向预测作用。生态环境意识对智慧、人性和意志力品格优势运用预测模型中的决定系数分别为 0.17、0.21 和 0.17，说明智慧品格优势运用中有 17% 的变异、人性品格优势运用中有 21% 的变异、意志力品格优势运用中有 17% 的变异可由生态环境意识来解释。其中，微观系统对意志力品格优势的运用有显著正向预测作用（$P < 0.01$）；中间系统对意志力和智慧品格优势的运用有显著正向预测作用（$P_S < 0.05$）；外在系统对人性和智慧品格优势的运用有显著正向预测作用（$P_S < 0.001$）。

上述结果表明，幼儿园教师智慧、人性和意志力品格优势的识别受到生态环境意识的影响不平衡。微观系统和外在系统两个环境子系统显著正向预测智慧、人性和意志力品格优势的识别，说明幼儿园教师越有微观系统和外在系统环境意识，则对自身品格优势的认识越清楚，而中间系统和宏观系统对幼儿园教师品格优势的识别影响不大。此外，生态环境意识对幼儿园教师智慧、人性和意志力品格优势运用的影响也不平衡。智慧的运用受到中间系统和外在系统的影响比较大，人性的运用与外在系统密切相关，意志力的运用主要受微观系统和中间系统影响。宏观系统对幼儿园教师品格优势识别和品格优势运用的影响均不明显。

（二）微观系统支持较大而中间、外在和宏观系统支持力度不足

为考察生态环境体验与幼儿园教师品格优势的交互性，分析幼儿园教师体验到的生态环境支持对其品格优势发展的预测作用，分别以品格优势识别（智慧、人性、意志力）和品格优势运用（智慧、人性、意志力）为因变量，以生态环境体验（微观系统、中间系统、外在系统、宏观系统）为预测变量，采用多元回归分析检验幼儿园教师体验到的生态环境支持对品格优势发展的影响。经多重共线性检验，各生态环境子系统之间的容忍度小于0.20，方差膨胀因子都小于5.00，说明预测变量之间的多重共线性问题不严重，可建立回归模型。结果显示，微观系统对幼儿园教师品格优势识别和品格优势运用有显著影响，中间和外在系统选择性地影响幼儿园教师品格优势识别和运用（见表6-4）。

首先，微观系统显著正向预测幼儿园教师品格优势识别。生态环境体验对智慧、人性和意志力品格优势识别预测模型中的决定系数分别为0.09、0.12和0.10，说明智慧品格优势识别中有9%的变异、人性品格优势识别中有12%的变异、意志力品格优势识别中有10%的变异可由生态环境体验来解释。其

中，微观系统对智慧和意志力品格优势识别都有显著正向预测作用（$P_s < 0.05$），而中间系统、外在系统和宏观系统对幼儿园教师品格优势识别的影响较小（$P_s > 0.05$）。

表 6-4　生态环境体验对品格优势发展的回归分析（N=954）

环境类别 智慧		优势识别			优势运用		
		人性	意志力	智慧	人性	意志力	智慧
微观系统	β	0.15	0.17	0.20	0.22	0.26	0.18
	t	1.82	2.08	2.43	2.86	3.57	2.46
	P	>0.05	<0.05	<0.05	<0.01	<0.001	<0.05
中间系统	β	0.05	0.10	0.02	0.10	0.21	0.09
	t	0.66	1.43	0.34	1.52	3.25	1.34
	P	>0.05	>0.05	>0.05	>0.05	<0.001	>0.05
外在系统	β	0.06	0.02	0.05	0.15	0.08	0.28
	t	0.96	0.28	0.75	2.38	1.39	4.64
	P	>0.05	>0.05	>0.05	<0.05	>0.05	<0.001
宏观系统	β	0.05	0.07	0.06	0.02	0.02	0.04
	t	0.75	1.01	0.85	0.25	0.37	0.70
	P	>0.05	>0.05	>0.05	>0.05	>0.05	>0.05

其次，微观系统显著正向预测幼儿园教师品格优势运用。生态环境体验对智慧、人性和意志力品格优势运用预测模型中的决定系数分别为 0.21、0.26 和 0.24，说明智慧品格优势运用

中有 21% 的变异、人性品格优势运用中有 26% 的变异、意志力品格优势运用中有 14% 的变异可由生态环境来解释。其中，微观系统对智慧、人性、意志力品格优势的运用都有显著正向预测作用（$P_S < 0.05$）；中间系统对意志力品格优势的运用有显著正向预测作用（$P < 0.001$）；外在系统对人性和智慧品格优势的运用有显著正向预测作用（$P_S < 0.05$）。

上述结果表明，生态环境体验对幼儿园教师品格优势识别和品格优势运用的影响不平衡。幼儿园教师品格优势识别主要受到微观系统的影响，而幼儿园教师品格优势运用除受到微观系统影响以外，中间系统和外在系统两个环境子系统也显著正向预测幼儿园教师品格优势运用，说明幼儿园教师感受到生态环境支持越多，对自身品格优势的认识越清楚，也更愿意运用自身品格优势。宏观系统无论在幼儿园教师品格优势识别还是品格优势运用上的影响均不明显。

第二节　幼儿园教师品格优势生态化发展存在问题的原因分析

幼儿园教师品格优势生态化发展调查结果显示，一方面，幼儿园教师注重爱、善良、公平等人性品格优势，而忽略了毅力、审慎、自制等品格优势的识别和运用。在日常教学和生活中，幼儿园教师能够运用自身品格优势，但缺乏对自身品格优势的反思与认知。幼儿园教师注重微观系统和中间系统两个环境系统的意识和体验，而忽略了外在系统和宏观系统对自身品格优势发展的影响。而且，幼儿园教师在日常教学和生活中仍然局限在与微观系统的交互上，对中间系统、外在系统和宏观系统的利用明显不足。另一方面，幼儿园教师实际体验到的外部环境的实际支持仍然无法满足幼儿园教师对环境的需求，尤其是外在系统和宏观系统对幼儿园教师品格优势发展的支持力度不够。综合上述结果可以发现，幼儿园教师品格优势生态化发展中出现上述问题的原因主要包括幼儿园教师自身和外部环境两方面。

一、幼儿园教师重规范而忽视品格优势生态化发展

（一）幼儿园教师缺乏品格优势发展意识

通过幼儿园教师品格优势生态化发展调查结果分析可以得出，幼儿园教师在日常保教工作中能够运用自身品格优势，但对自身品格优势认知不足。《幼儿园教师专业标准（试行）》中明确指出，幼儿园教师要以师德为先、幼儿为本。这就要求幼儿园教师要关爱幼儿，有爱心、责任心、耐心和细心；要以幼儿为主体，尊重幼儿人格。而且，3—6岁儿童身心发展尚未完全成熟，需要幼儿园教师精心照料和保育，所以幼儿园教师应了解幼儿学习和发展的整体性，尊重幼儿发展的个体差异性，理解幼儿学习方式和特点，重视幼儿学习品质的培养，时常注意发现幼儿的优点，以欣赏的态度对待幼儿。但上述要求

只是幼儿园教师应该遵守的职业道德规范，是幼儿园教师品格优势生态化发展的外部条件。如果职业道德规范不能转化为教师的自觉行为，其价值就会打折扣，会阻碍幼儿园教师德性的发展。

幼儿园教师对品格优势运用好于品格优势识别说明幼儿园教师可能只是被动接受职业道德规范，知道幼儿园教师应当要师德为先、幼儿为本，但对自身品格优势识别水平不高。尽管幼儿园教师在日常保教工作中运用了一些品格优势，但为何要使用这些品格优势、这些品格优势究竟有何重要作用仍然不太清楚。所以，幼儿园教师还未充分认识到自己品格优势对儿童品格锤炼、知识学习、创新思维培养的重要作用，还并未完全树立积极儿童观、积极教师观和正确职业观，从内心认同和热爱学前教育事业并形成自己的教育信念和教育理想。如此一来，幼儿园教师可能只是被动地遵守职业道德规范，并未完全将它内化为自己的品格优势。职业道德规范体现幼儿园教师的"底线道德"要求，是幼儿园教师必须遵守的道德底线，有基础性和不可逾越性特征，而教育信念和教育理想则反映了幼儿园教师美德的崇高性，幼儿园教师在坚持"底线"要求的同时还要追求幼儿园教师美德的"崇高"性，既可以"止底"又能够"望高"，❶ 才能够唤醒自身品格优势生态化发展意识。

---

❶ 李敏，檀传宝．师德崇高性与底线师德［J］．课程·教材·教法，2008（6）：74-78.

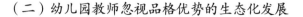

（二）幼儿园教师忽视品格优势的生态化发展

从生态学视角来看，幼儿园教师品格优势发展不是孤立地发展，相反它是与环境交互作用的结果，它会受到微观系统、中间系统、外在系统和宏观系统等环境因素的影响。一方面，幼儿园教师的环境意识和环境体验作为其心理场的一部分影响着幼儿园教师品格优势识别和品格优势运用。另一方面，幼儿园教师不断融入环境并实现对环境以及自己与环境关系的认识，在与环境的交互作用中愈发有能力去发现、维持、变更或建构新的环境来促进自身品格优势的发展。由品格优势生态化发展原理可知，幼儿园教师品格优势生态化发展中既要强调各因子之间的相互联系、相互作用，又要注重各因子之间通过信息传递、能量流动和物质循环来达到高度适应、协调和统一，既要注意品格优势发展诸因子间的全面联系、突出整体价值，又要强调品格优势发展的动态过程，追求品格优势的可持续发展。❶

但当前幼儿园教师品格优势生态化发展调查结果表明，幼儿园教师品格优势发展在内部结构、外部生态环境以及品格优势和生态环境交互作用中仍然存在不平衡现象。幼儿园教师知道在日常的幼儿园保教中运用自身品格优势，但对自身品格优势认知不足。幼儿园教师明白生态环境对自身品格优势发展的作用和影响，但体验到的环境支持依然不能满足自身发展的需

❶ 张凌洋，易连云. 教师专业道德的一体化培养：价值与路径 [J]. 教育研究，2017（8）：120-126.

求。在品格优势与生态环境的交互上，幼儿园教师在与幼儿、幼儿家长、幼儿园同事、幼儿园等微观系统和师幼关系、亲师关系、家园关系等中间系统的交互作用上尚可，但在外在系统和宏观系统的交互作用上明显不足。品格优势在人与环境的交互作用中发展，人与环境对幼儿园教师品格优势发展的影响局限在微观系统和中间系统，说明幼儿园教师对人与环境的交互影响认识不到位，仍然不能充分利用外部环境对幼儿园教师性格优势发展的重要作用。幼儿园教师仍然缺乏品格优势生态化发展的意识，不能够做到自身品格优势的生态化发展。

二、环境对幼儿园教师品格优势生态化发展的支持力度不足

当前幼儿园教师品格优势生态化发展调查结果表明，幼儿园教师实际体验到外部环境的实际支持仍然无法满足幼儿园教师对环境的需求，尤其是外在系统和宏观系统对幼儿园教师品格优势生态化发展的支持力度不够。由幼儿园教师品格优势发展的生态环境系统可知，影响幼儿园教师品格优势发展的外在系统包括教育管理部门、培养幼儿园教师的师范院校等（见第四章）。而且教育管理部门、师范院校等中间系统对幼儿园教师品格优势发展的影响是在宏观系统中得以实现，中间系统对品格优势发展的影响在很大程度上也反映了宏观系统对幼儿园教师品格优势发展的影响。所以，生态环境对幼儿园教师品格优势生态化发展的支持力度不足主要反映在教育管理部门、培

养幼儿园教师的师范院校、幼儿园中。

（一）教育管理部门政策制度引导不够

作为幼儿园教师的上级教育管理部门应当建立有效的幼儿园教师道德教育管理和督导机制，在幼儿园教师课程设置、师德培训、聘任、职业晋升以及师德考核中发挥引领和积极导向作用。

但当前幼儿园教师师德培训内容针对性不强。首先，在职前培养中，对师范生的培养多关注学科知识、教学技能，这种以知识为本位的培养模式使师范生在实际工作中欠缺能力而难以有效开展工作。在职培训和继续教育中，幼儿园教师道德教育也因其抽象不具体、缺乏针对性而流于形式。作为一种专业化职业，专业道德是幼儿园教师应有特征之一，但在现实中幼儿园教师对其职业道德素养的重要性认识不够，他们很容易将专业发展局限在知识积累和技能提升上。作为幼儿园教师职前培养和职后培训的主要场域——师范院校目前在幼儿园教师职前培养和职后培训方面依然是"技术理性本位"为主导。师范院校在学前教育中依然主要关注幼儿园教师的专业知识（如学前教育学、学前心理学等）和学科专长（如舞蹈、视听、声乐、美工等）等技术理性层面，教师德性教育和培养未能够受到应有的重视。

其次，在聘任和考核中幼儿园教师德性考核未能够受到应有的重视。师德是幼儿园教师专业素养中最重要的素养，但在以往教师聘任中注重幼儿园教师"弹、跳、画、唱、讲"等专业能力考核，师德考核因没有具体考核内容、操纵性不强而流于形式。在教师考核和职业晋升中，注重教学评价、教学业绩、科研业绩等外在、有形指标的考核，而对内在于心的教育理想、道德情操和仁爱之心等师德考核却流于形式。

（二）师范院校和幼儿园的协作不足

从本研究中三位幼儿园教师的叙事中不难发现，目前师范院校在理论与实践相结合方面做得仍不太理想。D教师刚开始感觉从受教育者到教育者角色不适应，从大学校园单纯的同学关系到幼儿园复杂人际关系不适应，从理论知识到教学实践不适应，感觉自己在学校学习到的理论知识无法施展，无法解决教育实践中的实际问题。刚接触幼儿时，满怀激情的L教师也十分迷茫，嘴不知如何张、手不知如何放，仿佛一时之间自己学了几年的学前教育知识，在这个幼儿园竟然没有用武之地。上述案例反映出幼儿园教师教育理论和实践的不统一。品格优势教育实质是德性实现的活动，是"德知、德性、德行"的变化过程，它内化"知善"理论为"怀善"德性，再外化为"行善"行为，即以"认识—探索—运用"模式进行品格培养，❶因此在幼儿园教师德性培养中应当理论教育和实际运用相结合。

但目前师范院校对幼儿园教师职前培养、职后培训以及

---

❶ WALSH S, CASSIDY M, PRIEBE S. The application of positive psychotherapy in mental health care: A systematic review［J］. Journal of Clinical Psychology, 2017（6）: 638–651.

幼儿园在职教育中教师德性培养成效不太理想。一方面师范院校注重幼儿园教师德性理论的培养，导致理论学习和实际运用不平衡。另一方面师范院校虽然采用教育见习、教育实习（或实习支教）来培养师范生的德性和教育教学实践能力，事实上师范院校委派的有些指导教师却指导乏力，带教老师缺乏教师德性引路人的典范而直接阻碍师范生德性的发展。甚至，在一些幼儿园缺乏对师范生德性的培养或根本就没有带教老师的指导，导致实习变成了纯粹的"顶岗"。师范院校和幼儿园协作不足导致培养出来的幼儿园教师在师德上知行分离，知道教师德性重要却不践行或不知道如何践行。

（三）幼儿园缺乏品格优势生态化发展的组织氛围

目前幼儿园教师"单位人"的身份会使一些幼儿园教师安于现状，产生局部生境效应。局部生境效应也叫"花盆效应"，是指由于人为地创造出非常适合其生存和生长的环境条件，花盆内的生物变得很安逸、很满足，一旦离开小生态环境，就很难维持其生存和持续发展。从三位幼儿园教师的叙事来看，M教师和D教师在反思期都曾出现过局部生境效应，而克服或降低局部生境效应的影响需要幼儿园教师有危机意识、竞争意识和不断进取的精神。在生态系统中，竞争虽然是一种压力，但也可以使群体产生凝聚力，并激发人和群体的活力和创造力。幼儿园教师品格优势发展的生态系统中同样也存在优胜劣汰的竞争关系。动态平衡并不意味着没有竞争，有时合理竞争是幼儿园教师品格优势发展的最直接动因，对于幼儿园教师品格优势发展有积极意义。例如，D 教师经过城市幼儿园四年的工作经历获得快速发展，在第五年竞聘上幼儿园教务主任职务。以前她只要管理好自己的班级教学和生活，接任教务主任职务之后需要管理整个幼儿园的教学和生活。她的生态位幅度（生态主体可利用的各种资源的总和的幅度❶）变宽，倒逼 D 教师在思想上不断进步、不断加强自身的教学水平和管理能力，从而获得更快发展。由此可见，在幼儿园教师品格优势教育中，有必要挖掘幼儿园教师合理的竞争张力，使其在品格优势发展中充满活力，在优胜劣汰中成长和成熟。因此，合理、适度的竞争有重要的现实意义。在营造幼儿园教师品格优势发展的内外动态平衡生态系统中促进教师之间合理竞争、合作交流与协同进步是可行且需要的。

---

❶ 吴鼎福，诸文蔚．教育生态学 [M]．南京：江苏教育出版社，2000：111-114.

第七章 幼儿园教师品格优势生态化发展的优化策略

　　幼儿园教师品格优势生态化发展机制表明，品格优势发展是幼儿园教师与环境交互作用的结果。它既受到幼儿园教师对自身品格优势的识别和运用的影响，也受到幼儿、幼儿家长、幼儿园同事等微观系统，师幼关系、亲师关系、家园关系等中间系统，以及外在系统和宏观系统的影响。而且，幼儿园教师品格优势发展还在与环境的交互作用中发展。由此，促进幼儿园教师品格优势生态化发展既要从品格优势发展主体——幼儿园教师内部把握自身品格优势的整体关联和动态平衡，也需要从教育管理部门、培养幼儿园教师的师范院校、幼儿园等外部环境促成幼儿园教师与外部环境之间的融合和联动，为幼儿园教师品格优势生态化发展提供外部生态环境支持。

第一节　加强幼儿园教师品格优势生态化发展意识

人类自身就有许多品格优势，而幼儿园教师既是人类美德和品格优势的体现者又是传承者，其言传身教对每个幼儿有十分重要的影响。所以每位幼儿园教师都应既要在学习中识别自己身上的品格优势，树立品格优势生态化发展意识，同时还要在保育教育实践中运用自身的品格优势。

一、遵守规范的基础上发展自身品格优势

《幼儿园教师专业标准（试行）》在基本理念中强调，幼儿园教师要以师德为先，关爱幼儿，尊重幼儿人格，富有爱心、责任心、耐心和细心，为人师表，自尊自律，做幼儿健康成长的启蒙者和引路人。但过去幼儿园教师过多关注失德失范行为、注重事后矫治"问题"，教师在师德发展和师德培养中处于"客体"地位，成为"被控制"和"被训练"的对象，自身道德需要也就会隐匿不显，自觉道德行为更无从引发。[1] 而事实上师德发展应是教师自身生存的目的与基本方式，是教师自

---

[1] 檀传宝.论教师"职业道德"向"专业道德"的观念转移 [J].教育研究，2013（10）：48–51.

为、自觉的历程。❶ 由此，幼儿园教师需要发展自身德性。只有尊重自身道德需要和增强自己的积极道德情感，幼儿园教师才会有道德自觉的动力并自觉实施道德行为。❷ 每个人的心灵深处都蕴藏着积极、美好的人性品质，它们是人的生命得以提升、发展、完善的内在驱动力。品格优势又是实现德性的重要途径，它以自身所固有的、潜在的、具有建设性的品格优势为出发点来发展自身德性，所以在品格优势发展中，自身道德需要受到充分尊重，进而会产生积极道德情感，道德情感反过来又会强化自身道德需要，道德自觉的动力就会由此产生。

而且，在遵守规范的基础上发展自身品格优势也是新时代师德教育的逻辑旨归。其一，品格优势教育符合师德教育的逻辑起点。道德教育的起点或出发点在于人的"可教性"，即人自身就有的道德禀赋。❸ 即使人们生活的社会场域发生结构性变迁，德性和规范也会发生转变，但人类最基本的德性不会变化和丢失，而且事物发展的内外因关系也决定了师德发展终归要落实到教师的自我发展。❹ 品格优势发展是起点，也是人自身所固有的、潜在的品格优势，因此幼儿园教师品格优势发展和师德教育的教育起点同源，都指向人的自我发展、指向人自

❶ 伍叶琴，李森，戴宏才.教师发展的客体性异化与主体性回归［J］.教育研究，2013（1）：119-125.
❷ 宋晔，牛宇帆.道德自觉·文化认同·共同理想：当代道德教育的逻辑进路［J］.教育研究，2018（8）：36-42.
❸ 檀传宝.德性只能由内而外地生成：试论"新性善论"及其依据，兼答孙喜亭教授［J］.清华大学教育研究，2001（3）：19-23.
❹ 李方安.论教师自我发展［J］.教育研究，2015（4）：94-99.

身所固有的德性。其二，品格优势发展符合师德教育价值。价值理论认为，价值是客体对主体的意义，是客体功能属性对主体需要的满足。根据该理论，师德教育价值是教育客体对教育主体需要的满足，它的教育属性决定了其根本价值也在于元价值，即受教育者的人性价值或教师主体性发展，教师在发展中有事实上的主体身份。品格优势发展的主体也是教师自己，它指向教师生命质量的提升，指向教师的幸福生活，其最终目的是教师生活质量和幸福生活能力的提升，所以幼儿园教师品格优势发展和师德教育在教育价值上是契合的。综上所述，幼儿园教师品格优势发展既符合教师主体性发展，是实践反思的结果，也符合新时代师德教育逻辑，所以幼儿园教师在遵守规范的基础上还要发扬自身德性，发展自身品格优势。

二、由品格优势发展转向品格优势生态化发展

时至今日，"生态学"已逐渐成为一种科学的世界观和方法论，成为一种科学的思维方式，并逐渐由一门具体的自然科学上升到哲学范畴，生态学理念也逐渐上升到生态世界观（或生态观），指导人们全面、整体、联系地看问题，用生态的思维去发现问题、分析问题和解决问题。生态问题的产生是由于人们对人与环境之间关系的片面认识和不能正确处理好人与环境之间的关系，从而导致人与环境之间关系的恶化，进而致使环境威胁自身生存。如果人们具备生态观，以生态观的思维去发现问题、分析问题和解决问题就可以对生态系统有一个全面

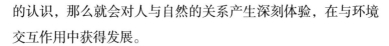

的认识，那么就会对人与自然的关系产生深刻体验，在与环境交互作用中获得发展。

幼儿园教师品格优势发展亦是如此。作为品格优势发展的生态主体——幼儿园教师与学生、学生家长、幼儿园同事等微观系统，与师幼关系、亲师关系、家园关系等中间系统，与教育管理部门、培养幼儿园教师的师范院校、大众媒体等外在系统，以及与政治、经济、文化等宏观系统紧密关联。如果幼儿园教师不能明晰自身品格优势发展所处的生态环境，不能全面厘清影响自身品格优势发展的各种环境因子并正确处理好自身与这些环境因子之间的关系，那么幼儿园教师品格优势发展也会陷入发展困境，难以实现自身品格优势与生态环境的协同共进、和谐共存。因此，若实现生态和谐的品格优势发展，幼儿园教师需要树立品格优势生态发展观，以生态学理论观点和方法论指导幼儿园教师整体、系统、交互、动态平衡地看待自身品格优势发展问题。为此，幼儿园教师在品格优势生态化发展中应当注意以下几方面。

（一）注重自身品格优势的整体性发展

从内部生态结构上看，幼儿园教师品格优势结构具有整体性。前期建构的幼儿园教师品格优势结构模型由智慧、人性和意志力三方面组成。品格优势发展属于道德教育范畴，也遵循知、情、意的统一。认知是品格优势发展的前提，只有对品格优势发展有一定的了解，才能理解和把握心理行为与品格优势发展的关系，从而为自身品格优势发展奠定认识论基础；情感是人的内心体验、主观情绪和态度，是品格优势发展的动力，它会影响人对品格优势发展的认同和对品格优势发展的不断追求；意志是品格优势发展得以维持的保障，意志一旦形成，促使人变认知为自觉行为，从而促使自身品格优势的发展。❶经过知、情、意的相互作用，人的自觉行为才会逐步显现。幼儿园教师品格优势发展亦是如此，其智慧、人性和意志力等品格优势也整合在有关品格优势的行为之中。简而言之，幼儿园教师品格优势发展既是智慧、人性和意志力的统一，也是品格优势发展意识和品格优势具体运用的统一。因此，生态整体观要求始终把不同研究层次的研究对象作为一个整体来研究，发挥其整体内核的作用。

（二）充分利用环境因素促进品格优势生态化发展

从外部生态环境来看，幼儿园教师品格优势发展生态系统是由微观系统、中间系统、外在系统和宏观系统组成的统一整体。微观系统中各因素通过克分子活动、角色和人际关系直接影响幼儿园教师品格优势发展；中间系统通过影响微观系统各元素直接或间接地影响幼儿园教师品格优势发展；微观系统和中间系统对幼儿园教师品格优势发展的作用又离不开外在系统和宏观系统的支持。微观系统、中间系统、外在系统和宏观系统相互联系、相互作用，依次嵌套于更大的环境系统之中形成交织的网状嵌套结构共同推动幼儿园教师品格优势发展。既然

---

❶ 宋晔，牛宇帆.道德自觉·文化认同·共同理想：当代道德教育的逻辑进路[J].教育研究，2018（8）：36—42.

人、环境、人与环境之间相互联系、相互依存、相互作用，那么在分析幼儿园教师品格优势发展时需要把品格优势发展与其所处的环境相联系起来，运用生态整体观来重新认识和解读幼儿园教师品格优势发展，促使各生态因子的优化组合，促使整个生态系统的功能得以最大发挥。

（三）在品格优势发展中注意人与环境的交互性

生态系统的基本特征之一便是交互性。生态系统中各环境因子之间的关系是以相互联系和相互依存的关系度来界定。生态取向的幼儿园教师品格优势发展是将幼儿园教师品格优势发展植根于生态系统中，教师、教师群体间、教师与环境之间相互影响、相互依存，形成一种同侪关系。❶一方面，世界是一种关系存在，人也是一种关系存在，人的发展在与其他事物的联系中产生。幼儿园教师品格优势发展离不开幼儿、幼儿家长、幼儿园同事等生态环境的影响。如果幼儿园教师的思想行为与多数人或生态环境不一致或不协调时，便有一种无形的压力迫使其调整以融入环境。因此，幼儿园教师与幼儿、幼儿家长、幼儿园同事等互相关联、相互促进，形成和谐共生的生态环境，促进教师品格优势发展。另一方面，幼儿园教师在品格优势发展过程中通过品格优势运用、实践反思，在实现自身品格优势发展的同时，也主动改造或建构其自身品格优势发展的外部环境，从而达到品格优势发展生态系统的动态平衡。人的

---

❶ 靳玉乐，殷世东.生态取向教师专业发展的理念与策略［J］.教师教育学报，2014（1）：23-30.

发展是在与环境的交互作用中进行，而非僵死的脱离现实的行为和发展。在幼儿园教师品格优势发展中应注重教师与环境的交互关系，把交互作用作为首要原则。从生态学视角来看，人在改变环境的同时，也在改变自己的心理和行为。人和环境的互动关系表现为塑造—再塑造—塑造—再塑造的关系循环。因此，以生态论为方法论基础来看待幼儿园教师品格优势发展，应当关注幼儿园教师的内在因素，各子系统之间，以及内在因素、子系统与该系统外部的其他生态系统和社会大系统之间的关联性，以多维生态观为基础，方可有效地把握和利用品格优势发展中的各种关系，以促进幼儿园教师品格优势的发展。

（四）注意品格优势发展的动态平衡性

幼儿园教师品格优势发展的生态系统是一个有机统一的整体，微观系统、中间系统、外在系统和宏观系统各种生态因子之间有着能量流、物质流和信息流，并且处于不断运动中。而且，生态系统又有自组织特性，通过自组织可以适应不断变化的生态环境，维持自组织的动态平衡。只要不破坏生态系统的自我调节机制、不超出生态因子的耐受限度，那么生态系统的自我调节、自我组织和自我适应的机能就不会丧失，品格优势在信息传递、合作与竞争、交流与反思中获得发展。可见，把握幼儿园教师品格优势发展的生态平衡，有利于促进幼儿园教师品格优势发展的可持续发展。

三、在实践反思中体悟自身品格优势的运用

首先，在师幼互动中运用自身品格优势。幼儿园教师与幼儿不是传统意义上的教育和被教育者的关系，而是在相互欣赏中互动实现双方共同成长。这就要求幼儿园教师在幼儿一日活动中充分运用自己的智慧美德创设合理丰富的师幼互动环境，积极参与幼儿活动，细致观察幼儿各种行为，在师幼互动中促进自身品格优势的发展。同时，幼儿园教师还要运用自己的人性美德和意志力美德，保持平和心态和良好体态语言。幼儿园教师应多主动亲近幼儿，多主动关心幼儿，多蹲下来和幼儿说话，多摸摸幼儿的头，多抱抱幼儿，在师幼互动中对幼儿的行为做出积极回应，注意发现幼儿的优点，以积极、欣赏的态度对待幼儿。

其次，在家园合作中运用自身品格优势。做好保教工作，保证保教效果的延续性离不开幼儿家长的家庭教育，所以幼儿园教师不仅对幼儿有保育责任，还负有帮助和支持幼儿家长教育子女的责任。幼儿园教师可以利用幼儿园组织的家长会、家长开放日、亲子活动等方式鼓励幼儿家长参与幼儿园保教活动，让幼儿家长了解幼儿学习、生活的真实状况，了解幼儿园教师的工作性质，增强幼儿家长对幼儿园教师工作的理解与支持，更好地配合幼儿园教师做好孩子的保教工作，巩固幼儿园教师的保教成果。当然，每位幼儿家长的素质不同，面临孩子的问题也各异。这就要求幼儿园教师要运用自身的智慧美德和

人性美德，让幼儿家长信任自己、配合自己完成保教任务，还需要幼儿园教师运用意志力美德不畏艰难、持之以恒地与幼儿家长建立亲密的亲师关系，形成教育合力共同促进幼儿的健康成长。

再次，在和同事互帮互助中运用自身品格优势。幼儿教育保教结合的特点要求幼儿园每个班通常由主班老师、配班老师和保育员协同完成一个班级幼儿的保教任务。所以，幼儿园教师与同事之间会自发形成一种"传、帮、带"正式或非正式的"师徒结对"关系。"传、帮、带"不仅是幼儿教育知识和经验的传授，更是幼儿园教师的爱、善良、耐心、细心等教师德性的塑造过程。一方面，师傅在带徒弟过程中只有不断运用自身品格优势才可与徒弟建立亲密关系、互帮互助。另一方面，徒弟在观察和欣赏师傅品格优势的过程中也会不断发展自身品格优势，从而能够快速地适应幼儿教育环境、快速成长。在这种"师徒结对"频繁的人际交往中，师傅与徒弟间相互影响、互帮互助，实现双方共同成长。

最后，在品格优势运用实践中反思。幼儿园教师品格优势发展是教师自己学习、思考、创造实践性知识的过程，也是幼儿园教师对自身品格优势运用实践反思的结果。品格优势发展不仅强调幼儿园教师对自身品格优势的识别和运用，更强调幼儿园教师个体的内在"建构"。从自身品格优势运用实践中反思和总结是幼儿园教师品格优势发展的实践来源。通过反思，幼儿园教师对自身品格优势运用实践有更深入的理解，并逐渐将感性的、具体的品格优势运用实践经验上升为理性的、抽象的实践性知识，进而指导自己更好地运用品格优势。因此，幼儿园教师不但要在日常生活和幼儿园保教活动中不断运用自身品格优势，更为重要的是，还要从自身品格优势运用实践中不断反思。这就要求，一方面，幼儿园教师要有反思意识。幼儿园教师应该尽可能地将自己的每一次品格优势运用实践都看成一次实验性的行为，及时从中总结出属于自己的品格优势运用经验。另一方面，幼儿园教师要有反思能力。对自身品格优势运用实践的反思不是一个简单的过程，而是一个包含认知变化、情感投入和行为反馈的复杂过程。反思的本质在于将实践经验上升为抽象的实践性知识，即幼儿园教师要能够超越具体的现象或行为，看到现象背后的本质和行为背后的原因。因此，幼儿园教师需要在不断反思实践中提升自己的反思能力。总而言之，识别并运用自身品格优势是提高幼儿园教师品格优势水平的重要途径。幼儿园教师一方面要不断在理论学习中学会识别品格优势的方式、方法，树立品格优势生态化发展意识；另一方面，幼儿园教师还应在师幼互动、家园合作、同事间互帮互助中运用品格优势，并在实践中反思和建构品格优势发展的实践性知识。

第二节　加大幼儿园教师品格优势生态化发展的环境支持力度

幼儿园教师品格优势生态化发展不是孤立的，它受到微观系统、中间系统、外在系统和宏观系统等环境因素的影响。作为影响幼儿园教师品格优势生态化发展的重要环境因素——教育管理部门、培养幼儿园教师的师范院校、幼儿园应从生态学的视角营造良好的品格优势生态化发展环境，发挥环境育人在幼儿园教师品格优势生态化发展中的重要作用。

一、教育管理部门建立品格优势教育管理和督导机制

（一）将幼儿园教师品格优势纳入师德培训内容体系

以往在幼儿园教师职前培养、在职培训和继续教育中，师德教育由于抽象不具体而导致实效性不高。本研究建构的幼儿园教师品格优势结构模型包括智慧、人性、意志力三大美德，创造力、反思力等十六项品格优势、七十二项正向品格，这些品格优势和正向品格本身就是师德内容和幼儿园教师角色要求的具体体现，它可以让幼儿园教师德性"真实可见"。此外，

每项品格优势都有基本内涵和具体行为表现，从而使幼儿园教师道德教育内容具体化，有利于提高幼儿园教师道德教育的实效性。例如，通过引导幼儿园教师识别和运用爱心、关心、耐心等正向品格培养幼儿园教师品格优势——"爱"，通过识别和运用责任心、童心、同理心等正向品格培养幼儿园教师品格优势——"善良"，而"爱""善良"等品格优势的识别和运用又会进一步促进幼儿园教师人性美德的提升。而且本研究结果显示，幼儿园教师品格优势结构以人性美德为中心，以智慧美德和意志力美德为支撑，因此在幼儿园教师品格优势教育中既要把握品格优势之间的整体关联，又要侧重于对幼儿园教师爱、善良、公平、希望等人性方面品格优势的培养。

更重要的是，品格优势有向上的动力作用，它可以引导幼儿园教师向自我实现的方向发展。品格优势影响幼儿园教师的思想、情感和行为方式，使幼儿园教师的思想、情感和行为变得更积极，进而能够产生积极体验。依据情绪拓展理论，积极体验可以拓宽幼儿园教师注意、认知和行为范围，从而有更多的资源、更强的能力来处理问题。反过来，问题的解决又会进一步让幼儿园教师产生新的积极体验，这种积极体验会让幼儿园教师更愿意识别和运用自己的品格优势。简而言之，幼儿园品格优势识别和运用在一个正反馈循环中持续促进自身品格优势发展。品格优势是实现教师德性的重要途径，而品格优势又是幼儿园教师自身所固有的、潜在的、有建设性的品质，品格优势教育只需帮助幼儿园教师最大限度地挖掘自身潜力，帮助幼儿园教师识别和运用自身这些积极品质就能够促进幼儿教师品格优势发展，达到师德教育目的。因此，与外在职业道德规范相比，品格优势教育更符合幼儿园教师自身德性发展需求，更能够满足幼儿园教师主体性发展需要，幼儿园教师在品格优势发展中处于主体地位，幼儿园教师更能够让自身品格优势发展变成一种自发、自觉行为。所以，为提升幼儿园教师道德发展意识，切实提高幼儿园教师道德水平，自觉履行道德行为，教育管理部门应当引导培养幼儿园教师的师范院校及相关培训机构充分认识品格优势发展对道德形成的重要作用，把品格优势纳入幼儿园教师道德教育之中。

（二）加大聘任和职业晋升中幼儿园教师品格优势的考核力度

将品格优势作为幼儿园教师聘任和职业晋升考核的重要依据。以往在幼儿园教师聘任和职业晋升中虽然强调师德的考核，但由于师德考核没有具体考核内容、操纵性不强而流于形式。上述问题存在的一个重要原因在于目前幼儿园教师职业道德的考核没有具体考核内容和具体考核形式。就师德考核内容而言，本研究建构的幼儿园教师品格优势结构模型包括三大美德、十六项品格优势和七十二项正向品格，而且在幼儿园教师品格优势结构模型中，幼儿园教师德性通过其相关的品格优势来实现，每项品格优势都有自身的基本内涵和具体的正向品格相关行为表现，从而使幼儿园教师师德考核内容具体化，有利于提高师德评估的实效性。至于考核形式，幼儿园教师的十六项品格优势体现在七十二项正向品格的认知、情感和行为上，所以基于七十二项正向品格编制的测评工具可以加强师德考核的可操作性。在师德评估中可以采用教师自评、幼儿园同事互评、幼儿家长评定等综合性评价方式达到对幼儿园教师德性的有效评估。本研究结果显示，幼儿园教师品格优势结构以人性美德为中心，以智慧美德和意志力美德为支撑，因此在幼儿园教师聘任和职业晋升把握整体关联的同时尤其要重视考核爱、善良、公平、希望等人性方面的品格优势。

（三）建立幼儿园教师品格优势生态化发展评估体系

师德评估是师德发展的重要环节。以往师德发展中即便有评估，也是采取幼儿园教师自评、幼儿园同事互评、幼儿家长评定等综合性评价方式，评估结果通常是一个"合格"或"不合格"极为模糊笼统，对后面的师德培养以及幼儿园教师如何提升自己师德水平没有实质性的参考价值。评估不只是终结性评估功能，还有发展功能，也是师德发展的重要反馈调节环节。通过直接或间接的品格优势评估可以把握幼儿园教师品格优势发展特点和现实水平，掌握幼儿园教师品格优势发展的动态过程。教育管理部门可以根据品格优势评估结果了解当前幼儿园教师品格优势的具体水平，幼儿园教师也可以据此了解自己在哪些品格优势上存在不足，品格优势的不足表现在哪些具体品格上，从而为自己今后有效地践行师德提供指导。

幼儿园教师品格优势生态化发展机制表明，品格优势在人与环境交互作用中发展，受到幼儿园教师自身特征、外部环境以及时间的影响，所以建立幼儿园教师品格优势评价体系既要把握整体关联，又要兼顾动态平衡。

其一，评估内容多维化。评估既包含品格优势结构中各品格优势的评估，也包含外部生态环境中各环境因子的评估，还包括品格优势与外部生态环境交互作用的评估。具体而言，品格优势发展不仅包括品格优势识别还包括品格优势运用，外部生态环境不仅包括外部环境的意识还包括实际体验到的外部环境的支持。也因此，幼儿园教师品格优势发展的生态评估包括智慧、人性、意志力多个维度品格优势识别和运用，微观系统、中间系统、外在系统和宏观系统多个环境因子的意识和体验，还包括每个维度中的品格优势与每个环境因子的交互作用。此外，幼儿园教师品格优势发展评估还是连续性发展和非连续性发展的统一。连续性活动和非连续性活动都能够引发幼儿园教师品格优势发展，所以幼儿园教师品格优势发展的评估既包含幼儿园教师发展过程中的连续性活动的评估，也包含非连续性活动的评估。发展的非连续性也提醒幼儿园教师品格优势教育关注发展过程中的表现，关注教师本身的差异性和在实际工作岗位中的发展，而这种评估还需要借助质性评估的手段，如访谈、叙事等。在定量评估的同时通过对幼儿园教师的日常表现做出质性分析与解释会避免评估结果失真。[1] 因此，对幼儿园教师品格优势发展的生态评估应当多维度进行。在评估中应当建立多元化评估指标体系，采用多样化评估方式，强调品格优势发展和生态环境之间的交互性，及时掌握幼儿园教

---

[1] 黄全明.论新时代教师的师德修养及其评价策略［J］.现代教育科学，2019（3）：80-84.

师品格优势发展过程中的实际状况、实际困难，为幼儿园教师品格优势发展提供可行性目标，并营造合适的生态氛围，进而促进幼儿园教师品格优势的生态化发展。

其二，评估标准差异化。传统发展评价认为，要建立统一、标准化的评价标准，以保证评估的客观性和公平性。而人类发展生态学理论认为，每个人在生态系统中都有适合自己的生态位。在一定时期内通过良性竞争，某一群体中的人可以找到适合自己发展的生态位，并从其部分潜在的生存和发展区退出，消除生态位重叠，实现稳定共存和协同进化。这就说明不是所有幼儿园教师都有相同的生态位，不是所有幼儿园教师都有同一发展目标，每位幼儿园教师的角色和发挥的作用各不相同，每位幼儿园教师都有自己独特的发展生态位。由此看来，对幼儿园教师品格优势发展的要求理应求同存异，而不是单一标准。而且幼儿园教师在品格优势发展过程中对生态环境和各种生态因子都有自己适应范围的上限和下限，在幅度之内幼儿园教师能够很好地发展，超出范围则会阻碍幼儿园教师发展。不同的幼儿园教师或同一幼儿园教师在不同的发展阶段其耐受度的幅度也不同，所以在不同幼儿园教师之间的评估需要求同存异，而且同一幼儿园教师在不同阶段的评估也需要求同存异。

综上，幼儿园教师品格优势发展与外部环境是联动的，社会重德，幼儿园教师更愿意立德。而品格优势又是实现教师德性的重要途径，所以教育管理部门要发挥自己在幼儿园教师品格优势生态化教育中的引领导向作用。一方面，引领培养幼儿园教师的院校、相关教师培训机构、幼儿园重视幼儿园教师德性，重视幼儿园教师的品格优势教育，并引导相关教育机构转变师德教育理念，做到幼儿园教师品格优势教育的生态化。另一方面，教育管理部门要充分发挥监督功能，在幼儿园教师聘任、考核、职业晋升等管理制度中加大幼儿园教师品格优势的考核力度，建立科学有效的幼儿园教师道德教育管理制度和监督机制。简而言之，教育管理部门应扫清幼儿园教师品格优势发展过程中的各种阻碍因素，为培养幼儿园教师的院校、相关教师培训机构的品格优势生态化培养和幼儿园教师品格优势的生态化发展提供外部生态环境支持。

二、师范院校加强师范生品格优势教育

（一）将品格优势教育纳入学前教育课程体系

师范院校是培养未来幼儿园教师的主要场域，但目前学前教育课程体系依然是以"技术理性本位"为主导，着重培养师范生学前教育专业知识、学科专长，幼儿园教师道德教育和品格优势教育未能够受到应有的重视。有学者认为，学前教育专业知识、五大学科专长的确是幼儿园教师素养不可或缺的组成部分，但这些素养是外在的，可以通过正式或非正式培养而后天获得。但是，要成为一名幼儿园好教师，还必须具备爱心、善良、公正、责任和爱等品格。纯粹技术理性的师范生教育不太可能造就真正有效从事学前教育工作的教育者。[1]事实上，能让幼儿记忆一生的幼儿园教师，不是因为他（或她）们有渊博

---

[1] 吴秋芬.教师专业性向与教师专业发展[J].教育研究，2008（5）：68-78.

学识和精湛的教学技能，而是因为他（或她）们关心幼儿，爱护幼儿，对待幼儿公平公正，认真倾听幼儿，有耐心与幼儿沟通。而且，品格优势教育有助于幼儿园教师形成积极体验、积极思维、乐观型解释风格和积极关系，而这些都是幼儿园教师做好幼儿保教工作的重要条件。由此可见，与学识和教学技能相比，幼儿园教师自身品格、态度等心理品质具有更长久的教育影响力，教师品格优势教育应当被纳入学前教育的课程体系。

首先，利用品格优势教育让师范生和幼儿园教师学会形成积极体验。以往研究表明，人们可以通过直接的感知和欣赏来获得积极体验。例如，在"欣赏美"这一品格优势的培养中，有研究者设计了美丽日记、美丽意识、美丽作品、分享论坛等为期三周的在线课程。结果发现，积极体验能够帮助参与者提高对"美"的感知、体验、行动的意识和能力，从而提升参与者"欣赏美"的品格优势。❶在保教活动中，积极体验有助于幼儿园教师保持乐观、积极、热情、开放的个人修养和行为，也有助于幼儿园教师情绪的自我调节，保持平和心态，而这种个人修养和平和心态是良好师幼关系、亲师关系和家园关系建立的重要条件。

其次，利用品格优势教育促进师范生和幼儿园教师形成积极思维和乐观型解释风格。对于幼儿园教师而言，积极思维是

---

❶　DUAN W J, BU H. Development and initial validation of a short three-dimensional inventory of character strengths [J]. Quality of Life Research, 2017（9）: 2519-2531; SHANKLAND R, ROSSET E. Review of brief school-based positive psychological interventions: A taster for teachers and educators [J]. Educational Psychology Review, 2017（2）: 363-392.

做好保教工作的重要条件。3—6 岁的幼儿有多动、好奇、好问、好玩的特点，但在实际幼儿教育中，这些比较顽皮淘气的孩子在部分幼儿园教师眼里却成了"问题孩子"。事实上他们大多不是真正有问题而是部分幼儿园教师认为学生就应该是安安静静、规规矩矩坐着听讲，这些调皮的孩子便成了"另类"，对待他们自然是无视和打压。换一种思维来看，调皮的孩子或许思维更敏捷、更具创造力，或者调皮是因为某种需求未得到满足，只是为了引起教师注意。教师遇到类似情况，首先应了解清楚情况并反思自身是否对他们的关爱不够，就算真的是问题孩子，也应该公平公正对待。《幼儿园教师专业标准（试行）》也提及，幼儿园教师要能够及时发现和赏识每个幼儿的点滴进步，多用具体、有针对性的肯定和表扬，让幼儿对自己优点和长处有所认识并感到满足和自豪。所以，积极思维和乐观型解释风格对于幼儿园教师十分重要，唯有此，幼儿园教师才会去包容孩子，发现每个孩子身上的闪光点。

最后，利用品格优势教育引导师范生和幼儿园教师学会建立和保持积极关系。积极关系能够给人们带来较高的满意度和希望。积极的师幼关系、亲师关系、家园关系和同事关系等对幼儿园教师做好保教工作十分重要，也是其品格优势发展的重要条件。在良好的师幼关系中，幼儿园教师能够积极地回应幼儿，幼儿也更愿意和老师交流，更愿意信任老师；积极地回应幼儿家长有助于建立良好的亲师关系，幼儿家长更容易理解和支持幼儿园教师，进而能够更好地完成家园共育任务。所以，无论是对当前师范院校学前教育课程的反思，还是《幼儿园教师专业标准（试行）》的客观要求，品格优势教育都应当纳入幼儿园教师职前和在职培训的课程体系。

（二）建构"师范院校—幼儿园"整合协作的培养途径

识别并在日常工作和生活中运用自身优势是品格优势教育的重要途径之一，个体能够识别自身品格优势却不在日常工作和生活中运用，那么其品格优势对个体的思想、情感和行为的影响也有限。[1]以往研究表明，运用品格优势能够使人的心理需求获得满足，激发动机并产生积极体验，而这些又会反过来拓展人的注意、认知、行动范围，使人从多角度去思考行动的可能性，有更多的资源来更好地处理问题，更有可能在未来继续运用自身品格优势。[2]品格优势识别、运用和个人积极体验形成一个正反馈循环，进而促进个体品格优势水平的提高。所以，师范院校在培养幼儿园教师品格优势时应当注意品格优势识别和运用自身品格优势相结合。

教育见习和教育实习是目前师范生将理论运用于教育实践的重要途径。师范生从师范院校来到幼儿园教育见习和教育实习，中间系统被扩展，师范院校和幼儿园都对师范生品格优势发展产生重要影响，因此需要师范院校和幼儿园整合协作共同担负起培养师范生品格优势的重任。一方面，师范院校和实习

---

[1] PETERSON C, SELIGMAN M E P. Character strengths and virtues: A handbook and classification[M]. New York: Oxford University Press, 2004: 66-78.

[2] FREDRICKSON B L. The broaden-and-build theory of positive emotions[J]. Philosophical Transactions of the Royal Society B: Biological Sciences, 2004(9): 1367-1378.

对口幼儿园要各司其职。师范院校不仅要完成实习生职前阶段的品格优势教育任务，让实习生能够切实了解自身品格优势并能够主动、准确地运用自身品格优势。同时，师范院校还要主导实习生品格优势教育的整体设计，为实习对口幼儿园或其他对口部门提供理论和实践指导。幼儿园的带教老师应保持较高的主动意识和合作意识，与师范生的指导老师资源共享、各司其职，共同参与师范院校实习生的品格优势教育。另一方面，师范院校和实习对口幼儿园还要联动互补。师范院校在品格优势教育理论和实习生品格优势发展整体设计上有优势，但在真实保教的实践中略显不足。相反，实习对口幼儿园在保教活动经验上有其独到的优势，但其理论性不足。在实习中，虽然师范院校和实习对口幼儿园、指导老师和带教老师的职责有明确的划分，但各部分在整个实习生的培养中是不完整的。因而，师范院校和实习对口幼儿园、指导老师和带教老师应保持较高的主动意识和合作意识，资源共享，对双方的不足和局限予以协助、形成互补，共同参与实习生的品格优势教育，切实让师范生在幼儿园真实保教环境中提升自身品格优势，实现自身德性的提升。

三、幼儿园营造教师品格优势生态化发展环境

（一）引入协同竞争机制促进幼儿园教师品格优势生态化发展

幼儿园教师在一定的职业发展阶段有可能存在职业倦怠现

象或出现局部生境效应，而克服或降低局部生境效应的影响需要幼儿园教师有危机意识、竞争意识和不断进取的精神。例如，M 教师安于现状现象的突破得益于后来她被派去西北师范大学进行为期三个月的"国培"。通过和全国其他地方幼儿园教师的交流，她明确了自己和全国同行之间的差距，意识到发展危机，也萌发不断进步的内部动机。由此可见，在幼儿园教师品格优势教育中，有必要挖掘幼儿园教师合理的竞争张力，使其在品格优势发展中充满活力，在优胜劣汰中成长和成熟。为此，幼儿园在营造幼儿园教师品格优势发展的生态环境中应当引入协同竞争机制促进教师之间合理竞争、合作交流与协同进步。

幼儿园创设协同竞争的园所组织氛围可以使幼儿园教师品格优势发展生态系统远离平衡态，生态系统内的非线性因素才会得到充分释放并产生非线性作用，最终实现协同增益。一方面，通过平等、开放、包容的园所组织氛围，接受异质性理念和思想，资源共享，实现幼儿园教师品格优势提升过程中的协同增益。另一方面，可以打破原有的生态平衡，使幼儿园教师在新情况下实现重组，促成学习共同体等新生态结构的形成，进而为幼儿园教师品格优势的生态化发展创设有利的生态环境。

（二）整合有利于幼儿园教师品格优势生态化发展的各种教育资源

幼儿园是一个动态变化、开放、复杂的生态系统。作为一个有机统一体，幼儿园教师也无时无刻不处在与幼儿园的交互作用之中。幼儿园教师群体之间、幼儿园教师与幼儿之间、幼儿园教师与幼儿家长之间等都有复杂的互动关系，正是由于这些复杂的互动关系使幼儿园教师潜移默化地受到外界环境的影响，同时幼儿园教师也在不断调整自己、更新自己、超越自己来适应和改变环境。由此可知，幼儿园教师品格优势发展离不开周围环境信息、物质和能量的支持和保障，周围环境资源的匮乏将严重影响幼儿园教师品格优势发展。目前我国幼儿教育资源还存在不平衡，因此整合各种教育资源，充分利用学校资源、家庭资源和社会资源，打造有利于幼儿园教师品格优势发展的平台，是促进幼儿园教师品格优势发展的重要环节。❶

幼儿园可以整合学区或其他幼儿园的教育资源，定期组织教师参加学区活动或与其他幼儿园分享优秀经验，还可以整合更广泛的社会资源。通过整合不同类型、不同层次的教育资源，从不同视角指导幼儿园教师，为幼儿园教师提供更多参与活动和体验的机会，促进幼儿园教师在真实情景中发展自身品格优势。在幼儿园教师的叙事中，某县教育局通过学前教育集团采用集团化模式来平衡全县各幼儿园之间的教育资源。在此模式中，每一个县级幼儿园下有若干个县直农村幼儿园，幼儿园之间资源共享。此外，此县教育局还与国内某著名幼儿园建立合作，两地幼儿园的老师可以相互学习、相互合作、资源共享。这种新型幼儿园管理模式打破了幼儿园内部、幼儿园与其

---

❶ 任其平．论教师专业发展的生态化培养模式［J］．教育研究，2010（8）：62-66.

他幼儿园、幼儿园与社会之间的半封闭状态，丰富了幼儿园教师品格优势发展可利用的资源。因此，生态化品格优势发展尤其需要加强对影响品格优势发展的各种资源的整合，幼儿园应努力开发和利用好教育资源，切实提高幼儿园教师品格优势教育的实效。

（三）构建幼儿家庭、社区和幼儿园"三位一体"社会支持体系

社会支持是指人在社会关系网络中所能获得的来自他人的物质和精神上的帮助和支持，是个体应对挑战和压力、缓解不良情绪的重要资源。一个人拥有的社会支持越多，意味着他与人分享成就、分担痛苦的机会就越多，因而越容易获得温暖和归属感，更容易体验到成就和幸福感，其品格优势水平也越高。

首先，良好的师幼关系是幼儿园教师品格优势发展的一种重要社会支持。在幼儿园教师的保教工作中，师幼的情感交流有至关重要的作用。师幼之间积极的情感交流有助于打开幼儿的自我防御心理，幼儿才可放下戒备信任老师，与老师沟通交流，保教活动方可有效地开展。以往研究结果表明，当老师和周围环境给孩子们提供最优的支持、同情和选择时，孩子们最有可能心理健康和形成良好的人际关系，而良好的师幼关系反过来又会提高幼儿园教师的积极情绪和积极体验，进而促进其品格优势发展。❶

其次，幼儿家庭和社区也是幼儿园教师品格优势发展的重

---

❶ 闫黎杰. 积极心理学对教育实践的启示［J］. 教育探索，2008（7）：124-125.

要社会组织支持系统。幼儿家庭和幼儿园是幼儿教育系统中十分重要的两大平等主体。家庭教育的普遍性、随机性和连续性决定了幼儿家庭是幼儿园不能替代的重要教育资源。家园衔接和谐顺利、良好的家园合作关系是有效开展幼儿园保教活动的关键。此外，社区资源也对幼儿教育有重要的支持作用。当幼儿家庭、社区和幼儿园充分发挥各自优势，形成"三位一体"的社会支持体系，那么就会形成教育合力，共同促进幼儿的健康成长。反过来，良好的亲师关系、有效的家园合作、有效的社区支持也激发了幼儿园教师积极体验，进而促进其品格优势发展。

（四）找准关键发展节点促进幼儿园教师生态转换

生态转换是指当角色、情境或角色和情境都发生变化时，人的生态位也随之变化。生态转换可以在微观系统、中间系统、外在系统和宏观系统任何一个层面发生。在生态转换中，人承担的角色发生变化，从而这一角色的有关行为和期望也发生变化。人面临新的克分子活动、新的人际关系以及新的角色的挑战，在新的适应过程中发展由此产生。所以，生态转化既是发展的结果又是发展的促成者。然而，以往研究表明人的发展并不完全是连续成长，人的发展是连续性与非连续性的统一，因此找准幼儿园教师品格优势发展的关键节点并促进其发展十分重要。[1]节点是指发展过程中对人有重要意义的关键点。

---

❶ 冯建军.生命发展的非连续性及其教育：兼论博尔诺夫的非连续性教育思想[J].比较教育研究，2004（11）：122-124，128.

人在此关键点对可能导致自己思想和行为发生转变的重要事件曾做出过重要选择和决策。从幼儿园教师叙事来看，大部分事件发生在其各发展阶段的关键节点上，而且幼儿园教师也在此关键节点做出过重要决策，因此这些事件对其印象最深刻、影响也最大。例如，D教师23岁便成为幼儿园中最年轻的中层领导。刚做幼儿园教务主任时，老教师不服气、不配合、对她的管理水平有怀疑，所以刚开始分配工作和任务很困难。在此关键发展节点上，她通过一次县教育局举办的幼儿园教师技能大赛让自己的管理困境有了转机。在这次幼儿园教师技能大赛上，让幼儿园教师了解了她的理论水平和专业技能。人在与环境交互作用中发展，环境在影响人发展的同时也受到人的影响。D教师通过一次教学比武主动建构了适应自己发展的新环境，降低了原环境对自身的不利影响。因此，找准发展的关键节点促使其生态转换成功对于幼儿园教师品格优势发展十分重要。

当然，发展节点也是连续性和非连续性的统一，既有从不成熟到成熟发展过程中的关键节点，也有"危机""遭遇"等非连续性发展节点。非连续性发展节点对幼儿园教师品格优势发展同样十分重要，因为只有度过"危机"或"遭遇"，方可向新的发展阶段过渡，否则会阻碍人发展。从幼儿园教师叙事来看，生育与养育、教学比赛、角色转换、职业晋升等都是影响幼儿园教师品格优势发展的重要非连续发展节点。综上，生态转换是幼儿园教师品格优势发展的结果，也是促使其发展的重要原因，在连续性和非连续性发展中找准关键发展节点促成生态转换对于幼儿园教师品格优势发展十分重要。

第三节 遵循幼儿园教师品格优势生态化发展规律

一、注重幼儿园教师品格优势发展的一体化

叙事分析结果显示，品格优势发展遵循道德发展规律，它也是一个渐进的运动变化过程，贯穿于整个幼儿园教师职业生涯。幼儿园教师品格优势发展既有时间上的长期性，内容上的知、情、意、行的整体性，空间上的协同性，还有连续性发展和非连续性发展的兼顾性，因此教育管理部门应当引导师范院校、幼儿园等机构加强幼儿园教师品格优势发展的一体化。❶

（一）时间维度上的长期性

幼儿园教师品格优势发展经历了适应期、发展期、反思期和成熟期四个阶段。在品格优势发展过程中，幼儿园教师角色会发生多次转换，而且每个阶段的角色心理、角色职能、角色要求以及发展目标不完全相同，每个品格优势发展阶段面临和处理的关键事件不同，需要识别和运用的品格优势也不同。所以，职业生涯阶段或专业发展水平不同，品格优势发展需求也

---

❶ 张凌洋，易连云.教师专业道德的一体化培养：价值与路径［J］.教育研究，2017（8）：120–126.

不同，不同阶段的品格优势发展应当有不同的发展重点、需要不同的发展策略。❶例如，在适应期，初任幼儿园教师的角色定位具有依从性，是一种他律，此时的幼儿园教师更多的是对学前教育智慧、人性的一种被动接受。随着发展阶段的不断演进、角色的不断转换，幼儿园教师由对智慧、人性的一种被动接受逐渐变为主动反思，同时也有意志力的保障，幼儿园教师品格优势发展逐渐由他律转向自律。

（二）内容维度上的整体性

幼儿园教师品格优势内部生态结构是智慧、人性和意志力的有机联系整体。智慧反映出幼儿园教师的认知，它为幼儿园教师品格优势发展奠定了认识论基础。人性反映出幼儿园教师的情感，它为幼儿园教师品格优势发展输出源源不断的动力。意志力为幼儿园教师品格优势持续发展提供保障。智慧、人性和意志力是一个不可分割的有机整体。如果我们仅仅注重"智慧"品格优势的培养，而忽略了"人性"和"意志"中品格优势的培养，那么难免又步入教育的技术性理性圈套而失去教育的人文关怀价值。此外，道德教育又是知、情、意、行的协同，是一种教化行为，"教"是前提，"化"才是最终目的。❷幼儿园教师品格优势也是如此。通过幼儿园教师品格优势发展的叙事不难看出，智慧、人性和意志力三者又统一于幼儿园教

---

❶ 檀传宝.论教师"职业道德"向"专业道德"的观念转移［J］.教育研究，2013（10）：48-51.

❷ 张凌洋，易连云.教师专业道德的一体化培养：价值与路径［J］.教育研究，2017（8）：120-126.

师具体活动之中。因此，在幼儿园教师品格优势发展过程中既要确保智慧、人性和意志力三者的协同作用，也不可忽视品格优势发展意识和品格优势运用的具体行为，否则会导致幼儿园教师品格优势发展中知行断裂、知其善而不为，达不到真正的教化目的。

（三）空间维度上的协同性

幼儿园教师品格优势发展的外部生态环境由内到外有微观系统、中间系统、外在系统和宏观系统，四者的协同促进幼儿园教师品格优势发展。幼儿园教师品格优势发展的调查结果显示，幼儿园教师对其所处生态环境的意识和实际体验到的生态环境的支持都对其品格优势发展有显著影响。幼儿园教师也感觉到微观系统和中间系统两个环境系统的意识和体验对品格优势识别和品格优势运用的影响，但却忽略了外在系统和宏观系统对自身品格优势发展的影响。而且，生态环境对幼儿园教师品格优势发展的实际支持仍然无法满足幼儿园教师对品格优势发展环境支持的需求。上述结果表明，当前幼儿园教师品格优势发展中生态环境系统内部四个子环境系统发展不平衡，且幼儿园教师的环境意识和环境体验也不平衡。尤其是外在系统和宏观系统与幼儿园教师品格优势发展存在一定程度割裂，幼儿园教师既没有体悟到外在系统和宏观系统对自身品格优势发展的重要性，也未觉察到两个环境系统对自身品格优势发展的实际支持。幼儿园教师品格优势发展的外在系统由幼儿园地位、教育管理部门和大众媒体组成，宏观系统包括政治、经济和社会文化。为此，在宏观系统上应当以国家政策或地方政策为驱动、经济为保障、社会文化为载体，形成幼儿园教师品格优势生态发展的社会环境；在外在系统中可通过教育管理部门、大众媒体的整合协作贯彻一体化发展理念、保持各相关部门的联动与互补。

（四）连续性发展和非连续发展的兼顾性

人的发展历程是连续性和非连续性的统一。一般情况下人的发展是一个承前启后的连续变化过程，前一阶段的结束意味着新阶段的开始，但同时人的发展又具有阶段性，是由一个接一个的发展阶段构成。❶幼儿园教师的叙事研究结果显示，幼儿园教师发展不仅有适应期、发展期、反思期和成熟期的连续性发展，也有教学比赛、生育养育等非连续发展。此外，影响人发展的外部环境的发展也有阶段性特征，幼儿园每一个不同发展阶段的发展需要也不同。因此，幼儿园教师品格优势发展不仅要考虑到自身品格优势发展的阶段性，还需要与处在特定发展阶段中幼儿园发展的实际需要相吻合，幼儿园教师品格优势发展的重点也会因幼儿园发展的阶段性特征而发生位移。总之，品格优势发展是复杂和多维的，幼儿园教师品格优势发展的历程是连续性发展和非连续性发展的统一。因此，幼儿园教师品格优势发展也应该是动态的运动过程。在幼儿园教师品格优势发展中既要注重幼儿园教师品格优势连续性发展，也要兼

---

❶　冯建军.生命发展的非连续性及其教育：兼论博尔诺夫的非连续性教育思想[J].比较教育研究，2004（11）：122-124，128.

顾幼儿园教师品格优势发展中的不确定性和非线性发展，需要捕捉和运用突发事件与偶发问题，恰当选择有教育价值的非连续性事件，发掘其在幼儿园教师品格优势发展中的潜在价值。

二、动态把握幼儿园教师品格优势发展的平衡性

人类发展生态学理论指出，生态系统内部各元素之间有信息、物质、能量流动。生态系统内部各元素通过信息、物质和能量的输入、输出与外部生态环境维持平衡，从而得以发展。幼儿园教师品格优势生态化发展的调查结果显示，当前幼儿园教师品格优势发展存在不平衡。这种不平衡体现在三个方面：其一，幼儿园教师品格优势内部结构发展不平衡。幼儿园教师注重爱、善良、公平等人性品格优势，却忽略了毅力、审慎、自制等意志力品格优势的识别和运用。其二，幼儿园教师环境意识和体验到的外部生态环境对自身品格优势发展的实际支持不平衡。幼儿园教师注重微观系统和中间系统两个环境子系统的意识和体验，却忽略了外在系统和宏观系统对自身品格优势发展的影响。其三，幼儿园教师品格优势内部结构与外部生态环境的交互也不平衡。幼儿园教师在日常教学和生活中仍然局限在与微观系统的交互上，对中间系统、外在系统，尤其是宏观系统的利用明显不足。上述种种不平衡会影响品格优势内部结构、外部生态环境，以及品格优势内部结构和外部生态环境之间信息、物质、能量的流动，从而阻碍幼儿园教师品格优势发展。因此，在幼儿园教师品格优势生态化发展过程中，应当

寻求合适的、最优化的策略促进生态系统中各子系统之间的能量流动、物质循环和信息传递，以达到生态系统中各子系统之间的协调统一。此外，还要把握品格优势发展的动态性。生态系统各子系统内部以及各子系统之间的平衡也是动态的，在一定空间和时间进程中不断演化，呈现出平衡—不平衡—平衡的关系循环。这就要求我们在幼儿园教师品格优势发展中应当坚持动态管理、处理好平衡与不平衡之间的关系，以形成促进幼儿园教师品格优势发展动态平衡的支持环境。

三、突出幼儿园教师品格优势发展的交互性

人类发展生态学理论认为，人在与环境交互作用中发展。布朗芬布伦纳沿用维果斯基"最近发展区"，引入"最近过程"阐述了人与生态环境之间的交互作用，并形成人类发展的生物生态学模型——PPCT 模型。❶ 在此模型中，"最近过程"、人、环境、时间四个主要成分之间动态交互，推动人的发展。

"最近过程"是指在特定情景中的持续交互作用，它在生态模型中占据核心位置，被看作发展的"发动机"。因为人参与具有自身动量的、正在进行的持久性的活动是人类发展发生的前提条件。要想活动对发展有效，活动必须在更广的时间范围内保持相当的发生频率和持续时间。例如，城市幼儿园 4 年的工作经历让 D 教师在教学和管理能力上获得提升，在担任教

---

❶ BRONFENBRENNER U. The ecology of human development: Periments by nature and design[M]. Cambridge, MA: Harvard University Press, 1979: 3-28.

务主任之后，影响"最近过程"的关键人物从幼儿、搭班老师等向全幼儿园教师和幼儿等其他人转化，为了使"最近过程"继续有效，她必须面临挑战、学会适应，相应的"最近过程"也必须变得更加广泛和复杂，才会有发展。

既然"最近过程"是幼儿园教师品格优势发展的动力，那么幼儿园教师要想自身品格优势获得发展就应当立足于鲜活的教育实践。因为在教育实践中幼儿园教师会碰到各种各样的问题需要解决，当他们以现有的知识和经验储备无法解决当前问题时就会渴求学习新的知识，并因此产生相应的能力、动机、知识等。事实证明，教师大部分的学习愿望是在自己鲜活的教育教学实践中产生的，是在与幼儿的互动过程中产生的。总之，幼儿园教师正是在与生态环境交互作用中不断认识和建构其生态环境并产生相应的能力、动机、知识等，进而使得幼儿园教师能够在其他新的情景中发起类似的活动，"最近过程"不断变得更频繁和更复杂，发展由此产生。

在人类发展的生物生态学模型中，人、环境以及时间之间相互作用共同形成人类发展的动力来源。布朗芬布伦纳指出，人的需要特征在活动之初生成了他人的期待；知识、能力和经验等资源特征不同，改变环境的程度便不同；气质、行为倾向、持久性等动力特征使发展处于持续运转中，并且继续保持它们的作用。以幼儿园教师参与"国培"项目为例，访谈中的大部分教师认为，上级教育管理部门应当多给予幼儿园教师培训机会，因为在日常教学和班级管理中幼儿园教师意识到自身需要发展、需要不断学习和进步，这种需要让幼儿园教师产生了对培训的期待。在期待产生之后，幼儿园教师自身知识、能力和经验不同，产生的培训效果也有差别。同时，行为倾向、持久性等动力特征也影响着培训成果的产出。有些幼儿园教师将培训中学到的知识和能力运用到日后的教学与管理实践之中，从而促进其发展。环境作为人类发展的生物生态学模型中的一个重要成分促进或阻碍"最近过程"的效力。环境系统中包含发展中的人在特定的时空范围内能够体验到直接引发发展或不能引发发展的克分子活动、角色和人际关系，三个元素中特定的物理特征、社会特征和符号特征促进和阻止人在当下环境中进行持续且不断复杂的活动。时间系统中不同维度（持续性、频率、时机等）的差异会在很大程度上影响人的特征、所参与活动的种类、所在的微观系统甚至更外层的环境系统。随着时间的变化，个人特征和生活环境的变化改变了现有人与环境的关系，产生一种引起人发展的动力。总之，教师自身特征、环境和时间在相互作用的同时影响了"最近过程"的内容、方向和效力，"最近过程"反过来又影响教师自身特征、环境和时间，四者之间的交互关系共同推动幼儿园教师品格优势的发展。因此，在幼儿园教师品格优势发展中应突出幼儿园教师与环境的交互性，让品格优势在幼儿园教师与环境的交互作用中发展。

参考文献

一、著作

［1］丁锦宏.品格教育论［M］.北京：人民教育出版社，2005.

［2］范国睿.教育生态学［M］.北京：人民教育出版社，2000.

［3］何敏贤，袁雅仪，段文杰.发现自己的抗逆力：正向心理学的应用和技巧［M］.北京：社会科学文献出版社，2014.

［4］刘晶波.社会学视野下的师幼互动行为研究：我在幼儿园里看到了什么［M］.南京：南京师范大学出版社，2006.

［5］檀传宝.学校道德教育原理［M］.北京：教育科学出版社，2003.

［6］吴鼎福，诸文蔚.教育生态学［M］.南京：江苏教育出版社，2000.

［7］薛烨，朱家雄，等.生态学视野下的学前教育［M］.上海：华东师范大学出版社，2007.

［8］郑富兴.现代性视角下的美国新品格教育［M］.北京：人民出版社，2006.

［9］朱家雄，华爱华.幼儿园环境与幼儿行为和发展的研究［M］.上海：世界图书出版社，1996.

［10］BRONFENBRENNER U. Ecological models of human development［M］\\ HUSTEN T, POSTLE-THWAITE T N. International encyclopedia of education（2nd ed., vol.3）.New York：Elsevier Science, 1994：

1643-1647.

［11］BRONFENBRENNER U. The ecology of human development：Periments by nature and design［M］. Cambridge，MA：Harvard University Press，1979.

［12］PETERSON C, SELIGMAN M E P. Character strengths and virtues：A handbook and classification［M］. New York：Oxford University Press，2004.

二、学位论文

［1］代杏子 .Bronfenbrenner 生态系统学说及演化：交互作用发展观探索［D］.上海：华东师范大学，2011.

［2］黄静 .人类发展生态学视野下的幼儿园游戏研究［D］.重庆：西南大学，2010.

［3］梁建芹 .小学班主任积极心理品质培养对策研究［D］.烟台：鲁东大学，2012.

［4］廖伊婷 .小学教师积极心理品质研究［D］.福州：福建师范大学，2016.

［5］刘芸 .养育事件对幼儿园教师专业成长影响的研究［D］.南京：南京师范大学，2008.

［6］马金凤 .教育生态学视野下的师幼关系研究：以 F 幼儿园中五班为例［D］.芜湖：安徽师范大学，2019.

［7］秦晓利 .面向生活世界的心理学探索——生态心理学的理论与实践［D］.长春：吉林大学，2003.

［8］孙树村 .幼儿园骨干教师专业发展节点研究［D］.南京：南京师范大学，2018.

［9］谢狂飞．美国品格教育研究［D］．上海：复旦大学，2012.

［10］易芳．生态心理学的理论审视［D］．南京：南京师范大学，2004.

［11］张戈．人类发展生态学视野下幼儿教师情绪影响因素研究：以上海市某公立幼儿园为例［D］．上海：上海师范大学，2018.

［12］朱家安．德育生态论［D］．武汉：华中师范大学，2008.

三、期刊论文

［1］陈浩彬，汪凤炎．智慧：结构、类型、测量及与相关变量的关系［J］．心理科学进展，2013（1）：108-117.

［2］邓猛，潘剑芳．论教育研究中的混合方法设计［J］．教育研究与实验，2002（3）：56-61.

［3］丁钢．教育叙事的理论探究［J］．高等教育研究，2008（1）：32-37.

［4］丁钢．教育叙事研究的方法论［J］．全球教育展望，2008（3）：52-59.

［5］冯建军．生命发展的非连续性及其教育：兼论博尔诺夫的非连续性教育思想［J］．比较教育研究，2004（11）：122-124，128.

［6］冯婉桢，蒋杭柯，洪潇楠．师幼关系类型及其影响因素分析［J］．学前教育研究，2018（9）：50-59.

［7］傅淳华，杜时忠．论当前师德教育的困境与超越：基于教师道德学习阶段性特质的反思［J］．教师教育研究，2016（3）：13-17.

［8］傅敏，田慧生．教育叙事研究：本质、特征与方法［J］．教育研究，2008（5）：36-40.

［9］甘剑梅．教师应该是道德家吗：关于教师道德的哲学反思［J］．教育研究与实验，2003（3）：25-30.

［10］高正亮，童辉杰．积极情绪的作用：拓展-建构理论［J］．中国健康心理学杂志，2010（2）：246-249.

［11］葛明荣，王晓静，梁建芹. 初中班主任积极心理品质调查分析［J］. 中国教育学刊，2012（8）：72-76.

［12］黄全明. 论新时代教师的师德修养及其评价策略［J］. 现代教育科学，2019（3）：80-84.

［13］靳玉乐，殷世东. 生态取向教师专业发展的理念与策略［J］. 教师教育学报，2014（1）：23-30.

［14］李方安. 论教师自我发展［J］. 教育研究，2015（4）：94-99.

［15］李敏，檀传宝. 师德崇高性与底线师德［J］. 课程·教材·教法，2008（6）：74-78.

［16］梁慧娟，冯晓霞. 北京市幼儿园教师职业倦怠的状况及成因研究［J］. 学前教育研究，2004（5）：32-35.

［17］刘贵华，朱小蔓. 试论生态学对于教育研究的适切性［J］. 教育研究，2007（7）：3-7.

［18］刘孟超，黄希庭. 希望：心理学的研究述评［J］. 心理科学进展，2013（3）：548-560.

［19］秦旭芳，张蕊，吕冰霞. 家园关系中"亲师矛盾"的特点透析及消解策略［J］. 陕西学前师范学院学报，2018（7）：14-26.

［20］任俊，叶浩生. 积极：当代心理学研究的价值核心［J］. 陕西师范大学学报（哲学社会科学版），2004（7）：106-111.

［21］任其平. 论教师专业发展的生态化培养模式［J］. 教育研究，2010（8）：62-66.

［22］邵迎生. 对积极心理学学科定义的梳理和理解［J］. 华东师范大学学报（教育科学版），2008（3）：54-59.

［23］时勘，王继承，李超平. 企业高层管理者胜任特征模型评价的研究［J］. 心理学报，2002（3）：306-311.

［24］宋晔，牛宇帆. 道德自觉·文化认同·共同理想：当代道德教育的逻辑进路［J］. 教育研究，2018（8）：36-42.

［25］苏启敏 . 为责任而教：教师专业责任的概念澄清与边界划定［J］. 教师教育研究，2017（4）：13-19，23.

［26］檀传宝 . 德性只能由内而外地生成：试论"新性善论"及其依据，兼答孙喜亭教授［J］. 清华大学教育研究，2001（3）：19-23.

［27］檀传宝 . 论教师"职业道德"向"专业道德"的观念转移［J］. 教育研究，2013（10）：48-51.

［28］檀传宝 . 以专业的德育提升生活的品质：当前中国德育改革应该直面的十大课题［J］. 人民教育，2010（15）：5-11.

［29］王凯 . 从道德标杆到治理手段：我国师德规范建设 40 年［J］. 教师发展研究，2019（12）：37-42.

［30］王鑫，张卫国 . 教育生态学视阈下的教师发展研究［J］. 教育理论与实践，2015（19）：40-43.

［31］吴秋芬 . 教师专业性向与教师专业发展［J］. 教育研究，2008（5）：68-78.

［32］伍叶琴，李森，戴宏才 . 教师发展的客体性异化与主体性回归［J］. 教育研究，2013（1）：119-125.

［33］谢丹，赵竹青，段文杰，等 . 希望思维在临床与实践领域的应用、特点与启示［J］. 心理科学，2016（3）：741-747.

［34］徐颖，邓艳红，张欣，等 . 教育生态学视角下的教师责任边界探析［J］. 现代教育科学，2019（9）：42-46.

［35］闫黎杰 . 积极心理学对教育实践的启示［J］. 教育探索，2008（7）：124-125.

［36］叶子，庞丽娟 . 师生互动研究述评［J］. 学前教育研究，2009（3）：44-48.

［37］张冲，孟万金 . 中国教师积极心理品质量表的编制研究［J］. 中国特殊教育，2011（2）：58-64.

［38］张冲 . 中职教师积极心理品质现状调查研究［J］. 中国特殊教育，

2012（10）：84-89.

［39］张凌洋，易连云. 教师专业道德的一体化培养：价值与路径［J］. 教育研究，2017（8）：120-126.

［40］赵敏，刘胜男. 传统文化在教师评价中的现实表征及超越［J］. 教师教育研究，2011（2）：49-54.

［41］ABASIMI E, GAI X S. Character strengths and life satisfaction of teachers in Ghana［J］. Humanities and Social Sciences Letters，2016（1）：22-35.

［42］BRDAR I, KASHDAN T B. Character strengths and well-being in Croatia：An empirical investigation of structure and correlates［J］. Journal of Research in Personality，2010（1）：151-154.

［43］BRITTON P C, WILLIAMS G C, CONNER K R. Self-determination theory，motivational interviewing，and the treatment of clients with acute suicidal ideation［J］. Journal of Clinical Psychology，2008（1）：52-66.

［44］CHAN D W. The hierarchy of strengths：Their relationships with subjective well-being among Chinese teachers in Hong Kong［J］. Teaching and Teacher Education，2009（6）：867-875.

［45］CHIRKOV V, KIN Y, KAPLAN U. Differentiating autonomy from individualism and independence：A self-determination theory perspective on internalization of cultural orientations and well-being［J］. Journal of Personality and Social Psychology，2003（1）：97-110.

［46］DAMON W, MENON J, COTTON B. The development of purpose during adolescence［J］. Applied Developmental Science，2003（3）：119-128.

［47］DANIEL T L, SHEK L Y. Character strengths and service leadership［J］. International Journal on Disability and Human Development，2015（4）：309-318.

［48］DUAN W J, BU H. Development and initial validation of a short three-dimensional inventory of character strengths [J]. Quality of Life Research, 2017 (9): 2519-2531.

[49] DUAN W J, HO S M Y, BAI Y, et al. Factor structure of the Chinese virtues questionnaire [J]. Research on Social Work Practice, 2012 (6): 680-688.

[50] FENIEHEL E. Relationships at risk: The policy environment as a context for infant development [J]. Infants and Young Children, 2002 (2): 49-56.

[51] FREDRICKSON B L. The broaden-and-build theory of positive emotions [J]. Philosophical Transactions of the Royal Society B: Biological Sciences, 2004 (9): 1367-1378.

[52] GANDER F, PROYER R T, RUCH W, et al. Strength-based positive interventions: Further evidence for their potential in enhancing well-being and alleviating depression [J]. Journal of Happiness Studies, 2013 (4): 1241-1259.

[53] GRADIŠEK P. Character strengths and life satisfaction of Slovenian in-service and pre-service teachers [J]. Center for Educational Policy Studies Journal, 2012 (3): 167-180.

[54] HARZER C, RUCH W. The relationships of character strengths with coping, work-related stress, and job satisfaction [J]. Frontiers in Psychology, 2015 (6): 1-12.

[55] MAUSS I B, SAVINO N S, ANDERSON C L, et al. The pursuit of happiness can be lonely [J]. Emotion, 2012 (12): 908-912.

[56] MC NUNTY J K, FINCHAM F D. Beyond positive psychology? Toward a contextual view of psychological processes and well-being [J]. American Psychologist, 2012 (67): 101-110.

[57] MEYERS M C, VAN WOERKOM M. Effects of a strengths intervention

on general and work-related well-being: The mediating role of positive affect [J]. Journal of Happiness Studies, 2017 (18): 671-689.

[58] NETO J, NETO F, FURNHAM A. Gender and psychological correlates of self-rated strengths among youth [J]. Social Indicators Research, 2014 (118): 315-327.

[59] PARK N, PETERSON C, SELIGMAN M E P. Strengths of character and well-being: A closer look at hope and modesty [J]. Journal of Social and Clinical Psychology, 2004 (5): 603-619.

[60] PASSMORE H A, HOLDER M D. Noticing nature: Individual and social benefits of a two-week intervention [J]. The Journal of Positive Psychology, 2017 (6): 537-546.

[61] PETERSON C, PARK N, POLE N, et al. Strengths of character and posttraumatic growth [J]. Journal of Traumatic Stress, 2008 (2): 214-217.

[62] PETERSON C, PARK N, SELIGMAN M E P. Greater strengths of character and recovery from illness [J]. The Journal of Positive Psychology, 2006 (1): 17-26.

[63] RUCH W, PARK N, CASTRO C A. The Character Strengths Rating Form (CSRF): Development and initial assessment of a 24-item rating scale to assess character strengths [J]. American Psychologist, 2011 (3): 53-58.

[64] RUST T, DIESSNER R, READE L. Strengths only or strengths and relative weaknesses? A preliminary study [J]. The Journal of Psychology, 2009 (143): 465-476.

[65] RYAN R M, DECI E L. Self-determination theory and the facilitation of intrinsic motivation, social development, and well-being [J]. American Psychologist, 2000 (1): 68-78.

[66] SELIGMAN M E P, STEEN T A, PARK N, et al. Positive psychology progress: Empirical validation of interventions [J]. American Psychologist, 2005 (5): 410–421.

[67] SHANKLAND R, ROSSET E. Review of brief school–based positive psychological interventions: A taster for teachers and educators [J]. Educational Psychology Review, 2017 (2): 363–392.

[68] THUN B, KELLOWAY E K. Virtuous leaders: Assessing character strengths in the workplace [J]. Canadian Journal of Administrative Sciences, 2011 (3): 270–283.

[69] WALSH S, CASSIDY M, PRIEBE S. The application of positive psycho–therapy in mental health care: A systematic review [J]. Journal of Clinical Psychology, 2017 (6): 638–651.

[70] YOUNG K C, KASHDAN T B, MACATEE R. Strength balance and implicit strength measurement: New considerations for research on strengths of character [J]. The Journal of Positive Psychology, 2015 (1): 17–24.